Rachel Kamanou

L'EUROPE, ce PIÈGE

Rachel Kamanou

L'EUROPE, ce PIÈGE

Éditions Muse

Imprint

Cover image: Fourni par l'auteur

Publisher:
Éditions Muse
is a trademark of
International Book Market Service Ltd., member of OmniScriptum Publishing Group
17 Meldrum Street, Beau Bassin 71504, Mauritius
Printed at: see last page
ISBN: 978-620-2-29808-7

AVERTISSEMENT

Toutes ressemblances avec des personnes existantes ou ayant existé est pure coïncidence.

L'EUROPE, CE PIÈGE

LE DEUIL : REQUIESCAT IN PACE[1]

Octavie s'était assoupie à peine installée dans l'avion qui la ramenait en Belgique. Elle venait de passer trois semaines difficiles durant lesquelles elle était passée par tous les cercles de l'enfer ; trois semaines où elle naviguait dans un état second et avait du mal à s'en remettre.

Son sommeil était agité, plus par les souvenirs des évènements passés et encore si présents qui revenaient par bribes la hanter, que par les secousses de l'appareil. Elle revivait pour la millième fois le moment où elle avait appris le décès de son père. Ce jour-là, elle avait terminé son *job*[2] et avait le temps de faire une course avant la fermeture des magasins. Elle cherchait la tenue qu'elle mettrait le lendemain pour la soutenance de son mémoire.

Cette fin de journée là, elle se sentait légère, allègre. En effet, c'était une bonne chose d'avoir terminé ses examens à la session de juin, même si dans sa situation, cela n'était pas synonyme de plus de vacances, de plus de temps pour se reposer, encore moins le gage d'un bon boulot. On était content de boucler à la session de juin pour avoir le temps de travailler plus et gagner plus : c'était le drôle de paradoxe de la vie en Europe. Pendant les vacances d'été, les places se libéraient momentanément pour raison justement de congés dans tous les services et métiers. Dans les boulots « à la con » où les autochtones ne se bousculaient pas, ou ne se bousculaient plus (restauration, nettoyage, cueillette des fruits et légumes) ; les étudiants en quête de pognon étaient les bienvenus.

Ce calcul socioéconomique était l'apanage des étudiants étrangers, celui de maximiser comme ils disaient les entrées en cette période où les travailleurs se muaient en lézards cherchant le moindre rayon de soleil ici ou ailleurs pour s'y étaler.

C'est dans cette sensation de fierté de travail accompli qu'Octavie arpentait les couloirs des galeries marchandes. Elle entrait ici, balayait d'un regard les rangées de vêtements, caressait le doux tissu d'une camisole, ressortait, entrait là, s'attardait devant un rayon dont les articles n'avaient rien en commun avec ce pour quoi elle était dans les commerces. Elle avait continué ces allées et venues jusqu'au moment où jetant un coup d'œil sur sa montre

[1] Repose en paix

[2] Dans le langage courant, les étudiants nomment par job leurs petits boulots saisonniers

bracelet, elle réalisa qu'il fallait se décider maintenant : acheter une nouvelle tenue ou mettre une ancienne robe demain pour la soutenance du mémoire. La réponse étant immédiate, elle retourna sur ses pas vers un magasin où elle avait identifié quelque chose de bien et pas cher.

Au moment de vérifier les tailles sur les vêtements choisis, son téléphone se mit à grésiller dans son sac à main :

- Allo ? Répondit-elle.
- Allo ! Octavie où es-tu ?

Le numéro inscrit sur le clavier du GSM indiquait que c'était un appel venant du pays. La communication n'était pas bonne, elle ne pouvait identifier avec certitude qui était à l'autre bout de la connexion. Elle ne put s'empêcher néanmoins qu'il manquait dans cette voix l'enthousiasme avec lequel les communications avec le pays se faisaient. Pourquoi cette voix est si brisée ? S'inquiéta-t-elle.

- Comment cela où suis-je ? S'enquit Octavie alarmée. Ce n'était jamais bon signe, ces appels qui se voulaient innocents et qui débutaient par ce *où es-tu* ? Tu as la voix rauque ; encore une grosse grippe ? Je viens de terminer mon *job*. Je suis dans un magasin. Tu sais que je défends mon mémoire demain, je cherche une tenue pour la circonstance.

- Il s'agit de Papa !
- De Papa ? balbutia-t-elle ; Son sang s'était glacé dans ses veines. Une telle introduction était le prélude de très mauvaises nouvelles. La sentence ne tarda pas.
- Oui, Papa ! K. Robert … Il vient de décéder ! Entendit-elle hoqueter à l'autre bout du réseau.

Octavie sentit le sol se dérober, s'ouvrir sous ses pieds. Elle n'arrivait pas à écouter la suite de la conversation ; elle entendait de loin en loin ce qui semblait être des sanglots, quelqu'un pleurait quelque part. Le sol se dérobait sous ses pieds, elle eut subitement très froid et ne savait pas si c'était parce que la température extérieure s'était subitement rafraîchie, si c'était parce que son manteau était léger comme d'habitude ; elle ne savait plus rien si ce n'est qu'elle avait très froid. Comme un automate, elle ouvrit la bouche, aucun son n'en sortit, juste les relents d'une respiration saccadée. Quand elle reprit l'usage de sa voix, elle se mit à pleurer, à sangloter là, au milieu des rayonnages, de tous ces vêtements qui embaumaient l'air de leurs différents parfums de neuf, de produits amidonnés dont la magie avait cessé d'opérer.

Combien de temps était-elle restée plantée là dans sa détresse ? Elle ne le savait pas. Elle se souvint de ce couple africain qui s'était avancé vers elle, la femme la prenant par les épaules, lui avait demandé : ma sœur, que se passe-t-il ?

- Mon père vient de décéder, réussit-elle à articuler.
- C'est terrible ce qui vous arrive, mais ressaisissez-vous. Venez, nous allons vous conduire chez vous.
- Je soutiens mon mémoire demain, je venais acheter une tenue pour la circonstance. Je ne sais plus quoi faire.
- C'est dur, faites l'effort de vous concentrer d'abord sur votre soutenance de demain. Je peux vous aider à choisir une tenue et ensuite, nous vous raccompagnerons chez vous.
- Non, merci. Je préfère rentrer tout de suite.
- Venez ! Nous allons vous accompagner chez vous.

Le couple l'escorta jusqu'à leur voiture et la ramena chez elle.

Pouvait-on dire que dans son malheur elle avait la chance que ce couple d'africains se trouva dans le magasin ? En effet, par expérience et cela se disait dans des conversations, vous pouviez être agressé, avoir un malaise ici au milieu des blancs, que personne ne viendra à votre secours : dans un train, vous les voyez se dépêcher de changer de wagon, dans la rue, ils iront de plus en plus vite ou traverseront la chaussée. On est si bien de l'autre côté de la rue, tant et si bien que le Président Français a conseillé de traverser la rue pour avoir un boulot. Dans un magasin, comme c'était le cas d'Octavie qui était seulement en pleurs, ce n'est pas trop grave pour leur sécurité. Ils lui lançaient des regards furtifs, la lorgnaient et la contournaient royalement et aveuglément.

Arrivés chez elle, ils eurent la bonne surprise de constater qu'une personne sonnait à sa porte. C'était Rose, une de ses grandes amies. Le couple, dont le nom restera malheureusement ainsi parce que dans cette triste situation, personne n'avait eu la présence d'esprit de faire les présentations. Le couple, disions-nous, était rentré, soulagé de savoir qu'il ne la laissait pas seule. L'avait-elle seulement remercié ? Si non, qu'il trouve ici l'expression de sa reconnaissance.

Après avoir informé Octavie, Sa sœur Gabrielle, en fait c'était par elle que la mauvaise nouvelle est arrivée, avait continué sa douloureuse mission d'information et c'est ainsi qu'elle avait prévenu Rose en lui demandant de ne pas laisser Octavie seule. Toutes les deux, elles savaient combien cette triste nouvelle l'affecterait, la distance n'arrangeant pas les choses. Rose l'avait soutenue une bonne partie de la nuit et était rentrée chez elle en lui rappelant qu'elle devait dormir un peu, gérer au mieux ses émotions afin que la soutenance de demain n'en soit pas compromise, auquel cas, tous les efforts qu'elle avait fournis durant l'année seraient vains.

Le lendemain donc du jour du décès de K-Robert, après une nuit passée avec deux consœurs qui avaient été informées par le « bouche à oreille » dans la communauté, Octavie s'était tant bien que mal soumise à l'exercice de défense de son mémoire que les autorités académiques n'avaient pas voulu repousser. Après quoi, elle était rentrée chez elle se recueillir. Elle était toujours dans la méditation en fin de journée quand son téléphone grésilla. C'était Rose qui venait de terminer sa journée de travail.

- Allo Octavie, comment vas-tu ? Comment s'est passée ta soutenance ? Je n'ai pas pu prendre de tes nouvelles plus tôt, nous n'avons pas arrêté avec les réunions de travail toute la journée. Je range mon bureau et je file. Je viens te voir, il faut que je te parle. De quoi as-tu besoin ? Je passe par le centre commercial.

- J'ai fait du mieux que j'ai pu, cela n'a pas été facile. J'essaie de reprendre mes idées. Deux de mes compatriotes dont je te parle souvent sont venues juste après ton départ et ont passé la nuit avec moi. La communauté est déjà informée. Peux-tu m'acheter un disque s'il te plait ? *Le Roi Lion.*

- C'était très gentil de leur part. Je suis toujours épatée par la façon dont les nouvelles vont vite chez vous. Pour le disque, je l'achèterai plus tard. Je parlais de quelque chose à manger. Tu dois reprendre des forces, il faut que tu te nourrisses. Dis-moi ce qui peut te faire plaisir.

Après hésitation, elle avait opté pour une soupe. C'était vrai qu'elle n'avait rien pu avaler depuis le matin. Une trentaine de minutes après, Rose sonnait à la porte. Aussitôt entrée, elle s'activa à réchauffer la soupe et insista pour qu'Octavie la boive pendant qu'elle-même mangerait le goûter qu'elle avait apporté dans son sac. Dès qu'elle souleva le couvercle de sa boîte Tupperware, une bonne odeur d'assaisonnement se répandit dans le salon.

- Humm, ça sent bon ton plat ! Comment l'as-tu préparé ? Demanda Octavie, qui se doutait déjà de la réponse.

- Je ne sais pas, c'est mon mari qui l'a préparé.

Oui ! C'est bien la réponse à laquelle elle pensait. Chez Rose, c'est son mari qui faisait les courses et la cuisine. C'était l'un des sujets qui animaient souvent les conversations des deux amies. Elles étaient toutes deux féministes, mais chacune avait sa définition et ses pratiques de ce terme bateau pour l'une et tellement précis pour l'autre.

En Europe, dans certains foyers, ce sont les hommes qui faisaient la cuisine. Combien de fois avaient-on entendu les Africains mariés avec des blanches imiter leur femme en soupirant : « qu'est-ce qu'on mange ce soir ? » C'était l'éternelle question que leur femme blanche leur posait le soir quand ils rentraient du boulot. Peu importa que celle-ci fût salariée ou femme au foyer.

A la fin du repas, la vie reprenant progressivement ses droits, elles causaient de tout et de rien en rangeant assiettes et couverts quand Rose s'interrompit brusquement, revint au bout de la table où elle avait déposé son sac à main, y fouilla avec frénésie, en sortit une bougie, l'alluma à l'aide de son briquet qui ne la quittait jamais en tant que grande fumeuse, la plaça au centre de la table et demanda d'un air cérémonial :

- Comment s'appelle ton père ?
- Mon Père ? Répondit Octavie dubitative en lançant un regard circulaire autour d'elle comme si la question était destinée à quelqu'un d'invisible auprès d'elle.

- Oui, confirma Rose. Comment s'appelle-t-il ?
- Robert ! Répondit Octavie en posant des yeux inquisiteurs sur son amie. Pourquoi ?
- Parce qu'il va venir.
- Venir où ?
- Ici.
- Ici ? Repris Octavie déconcertée. Il ne t'a pas échappé qu'il est décédé hier. L'interpellée ignora le commentaire et continua :
- Robert est là, as-tu quelque chose à lui dire ?

Pendant qu'Octavie balbutiait des paroles qu'elle-même ne comprenait pas. Rose était sur une autre planète, soliloquant, comme seule au monde, ce qui était du reste vrai.

- Quel Monsieur souriant. Il est plein de bonne humeur et en distille autour de lui. Il a beaucoup d'humour, sa gentillesse n'a pas de limite.
- Rose ! l'interrompit Octavie. Comment sais-tu tout cela? Je ne t'ai jamais donné des détails sur mon père, mais ce sont ses qualités que tu décris là.
- Ce sont les qualités du Monsieur qui est ici avec nous. Il a un message pour toi. Il dit que tu n'es pas réceptive à une forme abstraite de communication. Il tente de te parler directement en vain. Cela fait deux jours qu'il m'a repérée dans ton entourage et a compris que je suis sensible à ce qui peut se passer dans une autre dimension. Il te demande de ne pas être triste, de le laisser partir. Il est dans la lumière et se sent bien. Sur terre, il devenait de plus en plus malade et ne se sentait plus libre. Il insiste sur le fait que tu ne dois pas être triste, et ne pas faire semblant d'être gaie parce qu'il voit dans ton cœur. Il te demande d'encadrer sa photo et d'y mettre des fleurs.

Rose avait continué de délivrer le message de prosopopée pendant encore quelques minutes devant une Octavie qui la regardait, paralysée, observant son amie qui parlait là devant elle, comme transfigurée. Peu après, elle conclut par : « Robert est parti. »

Les deux amies se regardèrent, le visage de Rose était redevenu un simple visage d'humain. Elle se secoua comme pour s'assurer qu'elle était bien revenue sur terre et dit : « Telle personne n'est pas dans la lumière, telle autre aussi. Ils sont encore ici-bas pour nous déranger. »

Elles venaient de vivre une expérience paranormale. A la fin de cet épisode, aucune des deux amies n'y avait trouvé une explication rationnelle. D'abord la bougie ; c'est un symbole dans la religion catholique à laquelle Octavie appartenait, et avait bien sa place dans un moment comme celui-ci. Pour prier, ce n'était pas superflu d'en allumer une. Mais, que la symbolique de la bougie soit ici entretenue par Rose qui était agnostique posait question à laquelle elles ne pouvaient répondre.

Avec recul, c'était possible que Rose ait été en contact avec l'esprit de K-Robert ; elle avait quelque chose d'assez déconcertant. En vérité, ce n'était pas la première fois qu'elle relatait des conversations, des rencontres qu'elle avait eues avec des personnes de l'au-delà. Octavie se remémora cet autre entretien post mortem qu'elle lui avait dit avoir eu avec une de ses collègues en fin de vie et après son décès.

En effet, ayant appris que ladite collègue était très malade, Rose lui avait rendu visite à l'hôpital. On n'avait pas exagéré en lui disant qu'elle était très malade. Elle gisait dans un état comateux quand Rose entra dans sa chambre. Convaincue que la malade ne l'entendait plus, elle se mit néanmoins à lui parler, à l'encourager dans cette épreuve et à lui dire d'aller au paradis, de rejoindre le monde de la lumière. Le soir même, la malade passa l'arme à gauche. Contre toute attente, son esprit revint le lendemain vers Rose lui demander le chemin qui mène à la lumière.

Rose avait à son actif quelques exemples assez perturbants de conversations avec les défunts. Elle ne se limitait pas seulement à dialoguer avec les morts, elle lisait à livre ouvert dans les gens. Combien de fois avait-elle dit à X ou à Y « attention, ne fais pas confiance à telle personne ; ne pose pas tel acte, ne fais pas ceci, ne fais pas cela, etc » et ses prévisions s'étaient justifiées à la fin. Elle prédisait des évènements qui se produisaient.

Octavie lui disait que si elle voulait devenir riche, elle avait un bon filon, celui de la voyance. Elle lui disait que toutes les deux, iraient s'installer quelque part en Afrique et que Rose, après avoir pris des cours de mise à niveau auprès d'un marabout s'installerait comme voyante. C'était une bonne reconversion pour une personne comme elle qui avait des prédispositions. Une femme blanche marabout en Afrique : la richesse assurée.

Du côté des défunts, ce n'était pas tous les esprits qui avaient la capacité de franchir la barrière de la mort pour communiquer avec les vivants. Ceci renforçait le sentiment que K-Robert était exceptionnel, un homme hors du commun. Spécial avait-il été de son vivant, spécial l'était-il dans la mort, car le mystère ne s'arrêtait pas là. Une grand-mère de la concession familiale s'était laissé mourir dans son lit le jour même où on lui avait annoncé le tragique évènement. La violence, la rapidité de l'aboutissement du syndrome de glissement chez cette aïeule restera un mystère dans la famille. Ses dernières paroles furent qu'elle ne pouvait plus continuer de vivre sans K-Robert qui était le seul à s'occuper d'elle.

Avec le soutien de ses amis et connaissances, Octavie avait préparé son voyage. Quelques jours plus tard, elle était partie assister aux obsèques de son père. Quand on vit à six mille kilomètres de ses origines et qu'on apprend un tel décès de l'autre côté de l'océan, les choix sont d'autant plus difficiles à opérer qu'il y a plusieurs facteurs à intégrer : Pour certaines personnes, c'est le pragmatisme financier ; pour d'autres, c'est la situation irrégulière et l'absence de papier comme on dit ici ; pour d'autres encore, c'était la précarité de leur position dans leur *job au noir* où il n'y a ni foi ni loi, il n'y a pas de contrat et autres paperasses, tu travailles, tu es payé, tu ne travailles pas, tu n'as pas de salaire ; pour d'autres enfin, c'était le manque à gagner s'ils s'absentaient. En tout état de cause, les choix se limitaient à faire son deuil sur place ou faire le déplacement pour le pays. Si on avait opté pour l'alternative du pays, c'était le début d'un autre difficile processus pour le voyage.

Quel que soit le choix opéré, la personne éprouvée n'était pas abandonnée à son sort. Les amis se relayaient auprès du concerné, d'autres, y passant même quelques nuits. La communauté mettait un point d'honneur à cette assistance. Cela faisait partie du patrimoine culturel que les *mbenguistes*[3] croyaient porter en eux et s'employaient à pérenniser. Ils étaient dans le déni de la réalité et entretenaient tête baissée une façon de faire qui n'existait plus que dans leurs rêves. Au pays, il y avait hélas longtemps que de nouvelles façons de faire le deuil avaient surgi comme de nulle part. Les traditionnelles méthodes d'assistance de la « veuve et de l'orphelin » étaient obsolètes et des fois en voie de disparition. A la faveur d'on ne sait quelle mutation sociologique, c'était la personne éprouvée qui s'occupait désormais de ceux qui venaient l'entourer (nourriture, boisson). Sans quoi, on dira que le deuil n'avait pas été bien.

Octavie avait donc décidé d'assister aux obsèques de son père. Pour le moment, elle ne savait pas comment faire pour financer le voyage, la seule chose dont elle était sûre était qu'elle voulait faire le voyage. En plus du billet d'avion, il fallait prévoir de quoi nourrir et maintenir éveillés toutes les nuits les groupes de danses, les membres des réunions et les personnes qui viendraient au lieu du deuil jusqu'à l'inhumation. Finie l'époque où la communauté se mobilisait pour s'occuper de la veuve et de l'orphelin. Finie l'époque où on apportait à manger à la veuve et à l'orphelin. Octavie avait connu cette façon de faire, de vivre collectivement un deuil avec le décès de sa mère. Son âme sensible regrettait ces élans de solidarité.

Aujourd'hui, les choses avaient bien changé. Les relations humaines s'étaient dégradées au point où, quand on était en deuil, c'était la double peine.

[3] Mbenguiste désigne dans le jargon camerounais leur ressortissant vivant en Europe

On souffrait de la disparition de l'être cher et on souffrait par anticipation des difficultés financières qu'on va vivre après le deuil. En effet, il fallait donner à manger et à boire à l'assistance tous les jours, le rituel des veillées funèbres se prolongeant maintenant des semaines, voire des mois. Tant et si bien que, malheureusement, les exclamations du genre : « où vais-je avoir de l'argent pour recevoir les gens ? » après l'annonce d'un décès étaient n'était plus impossible.

La gestion du deuil avait changé. Le deuil était malheureusement devenu un baromètre de comparaison des richesses, un espace où étaler les fortunes. De plus en plus, il arrivait qu'au décès d'une personne, on dépensât plus d'argent en cortège mortuaire, réception, que le défunt n'en avait utilisé et manipulé de tout son vivant. La dernière demeure des morts coûtait plus cher que la cabane dans laquelle ils avaient passé toute leur vie. Les tombes étaient carrelées à l'intérieur, marbrées et surmontées d'imposantes pierres tombales à l'extérieur. Quand une personne passait l'arme à gauche, on la mettait à la morgue le temps nécessaire de faire les préparatifs qui pouvaient aller du petit terrassement et nettoyage d'une cour à la construction d'une maison où on recevra les invités. Le temps aussi de faire appel aux services des pompes funèbres, aux services de décorations et il va de soi, à la mobilisation des traiteurs pour les repas.

Les morts séjournaient aussi longuement à la morgue pour attendre l'arrivée des concernés résidant à l'étranger. Aujourd'hui, rares étaient les familles qui n'avaient pas au moins une personne à l'étranger. Au plus la dépouille mettait du temps à la morgue, au plus pouvait-on s'attendre à de grandes obsèques avec la venue des *mbenguistes*. Cette longue attente voulait dire qu'après les cérémonies d'inhumation, il y aurait beaucoup à manger et à boire pour les populations. Ça aussi, c'est-à-dire l'attente des *mbenguistes*, se passait avant ! En effet, les nouvelles fortunes locales avaient éclipsé l'attente et le retour de ces immigrés, ces sans-papiers qui suaient sang et eau pour maintenir le rêve et le parcours d'Epinal dans l'imaginaire populaire. Avant que ces miséreux immigrés n'empruntent de l'argent par-ci par-là pour préparer leur voyage et leur séjour au pays, les jeunes fortunés du pays mettaient la barre bien haute. Les pompes funèbres et les services y adjacents fonctionnaient à plein régime au pays. Les nouveaux riches étant aux aguets pour s'y ruer comme si leur vie en dépendait. Avaient-ils simplement suivi le mouvement qui allait inexorablement vers la modification des critères sociétaux ou c'était eux qui en avaient été les précurseurs ? Comment les populations s'étaient-elles laissé embrigader dans de tels travers ? De vie rythmée autour de la mort ? On ne vivait plus pour la joie de vivre ; on ne vivait plus pour être heureux ensemble. On vivait à travers un deuil, on était accompli quand on avait financé tambour battant un enterrement. On n'était plus triste d'avoir perdu un être cher, on était satisfait de l'avoir « bien enterré », d'avoir fait « un bon deuil » parce que les invités avaient beaucoup mangé et bu. La restauration était devenue une exigence qui désacralisait les cérémonies aux morts.

On n'était pas loin de croire que la vie au pays était rythmée par l'attente du décès pour affronter les égos : passer commande d'un cercueil en Amérique ou en Europe bien que les forêts sous les tropiques regorgeassent d'essences rares. Non, le cercueil devait être en bois de pin, de chêne, des noms qui avaient une bonne consonance à l'oreille, par rapport au bois du *Bebinga,* du *Moambi* et autres barbarismes de langues vernaculaires. Les messes devaient être célébrées par le plus haut prélat ecclésiastique possible, avec une cohorte de prêtres. Les repas servis par des traiteurs, etc.

On se fichait bien pendant que le mourant était malade, pendant qu'il était affamé ou qu'il souffrait d'une quelconque indigence. Son décès était l'occasion de flamber l'argent qui aurait pu alléger ses souffrances, le sauver, pourquoi pas ? La mort était sacralisée de la plus sordide des façons. Les vivants utilisaient ce champ pour mesurer leur fortune, étendre leur influence, celle qu'ils ne pouvaient pas avoir par de bons rapports sociaux. Peut-être que la nouvelle génération mettait en route une nouvelle manière de gestion des évènements, de la société, une nouvelle manière basée sur l'épaisseur du chéquier. C'était triste de voir mourir à petit feu, lentement et sûrement les bonnes vieilles traditions portées par l'entraide, la solidarité et la cohésion sociale. Triste de voir ces valeurs se ringardiser. La société était en marche pour les bases d'une nouvelle tradition.

Fort heureusement, ce triste folklore n'était pas encore la norme. Il existait encore des personnes, qui donnaient un sens et non un prix à la vie humaine. Des personnes pour qui, pour être « moderne », il ne fallait pas nécessairement tout réinventer, passer avec un rouleau compresseur sur les valeurs mêmes bonnes des traditions ancestrales. Combien étaient-elles, ces personnes pouvant concilier modernité et tradition, religion et animisme, richesse et pauvreté ? Leur nombre se réduisait au fil du temps. C'était par exemple le cas de celui dont on regrettait aujourd'hui la disparition.

La nouvelle génération n'était pas encore acculturée dans leur ensemble. Octavie pensa en soupirant à l'un de ses cousins. Théky était l'incarnation même de la synthèse positive entre les avantages du modernisme et ceux de la tradition. Il avait beaucoup étudié et voyagé. On pouvait recouvrir un mur de ses diplômes et distinctions en français, anglais et allemand, pour ne citer que quelques aspects de la face visible du grand iceberg qu'était son cousin. Autant Théky était à l'aise dans les mondanités, autant l'était-il devant un chef traditionnel, ou dans une conversation en langue du terroir. Théky disait avec raison que le temps du deuil devait servir à honorer la personne décédée, à lui rendre un dernier hommage et ensuite, réfléchir sur la complexité et la vanité de la vie. Un moment de marquer une pause, une trêve dans sa propre course trépidante de la vie.

Recroquevillée sur elle-même, Octavie se retourna sur son siège sans ouvrir les yeux. Elle les gardait bien fermés comme pour faire barrage aux souvenirs qui se bousculaient dans sa tête. Rien n'y fit, c'était au tour des préparatifs de son voyage de défiler.

Son billet d'avion était comme tombé du ciel ! Bertrand Alain, un de ses frères vivant aussi en Belgique, l'avait payé Rubis sur ongle. Ils étaient « frère et sœur » parce que leurs grandes mères maternelles étaient du même village ; de plus, l'oncle de Bertrand Alain était le cousin de la maman d'Octavie. Ils étaient donc de la même famille.

N'ayant plus l'épine du billet d'avion dans le pied, c'est avec souplesse qu'elle avait préparé le voyage. Elle avait acheté une gerbe de fleurs et une banderole où elle avait fait écrire un message personnel à l'attention de son déjà regretté père. Le reste de la cagnotte grappillée par-ci par-là avait servi à acheter des biscuits et autres pâtisseries qui seront servis au village pendant les veillées mortuaires. Hélas, à sa descente d'avion au Cameroun, hors-mis la gerbe de fleurs, Octavie ne recevra aucun autre de ses bagages ; tant il était vrai qu'un malheur ne venait jamais seul. Le pire étant à venir, Brussels Airlines lui remettra ses valises deux semaines plus tard, après moult démarches et tracas, vidées de leur contenu.

Pendant ce trajet retour, elle se refusait à imaginer qu'elle ne reverrait plus son père, qu'elle n'entendrait plus cette voix de ténor, rieuse, se taisant rarement. Il avait toujours une bonne idée pour relancer une situation en voie de stagnation, une blague pleine d'humour pour détendre une atmosphère pesante, une prière pour apaiser un esprit chagrin. L'une de ses sources de courage dans ce lointain pays européen froid au propre et au figuré était de prendre son téléphone et de composer le numéro de son père. Cette source venait de tarir.

Elle se redressa péniblement dans son fauteuil, déclina l'invitation à manger que lui faisait une hôtesse de l'air en lui demandant *« chicken or fish ? »* et referma les yeux. Elle s'alimentait de désespoir et se laissait bercer par sa croyance en Dieu et ses dogmes religieux. Les paroles de ces cantiques lui revinrent pour la millième fois à l'esprit pendant que les larmes picotaient ses yeux fermés : « *Ce n'est qu'un au revoir papa, Tous Ceux que nous pleurons, bientôt dans la maison du Père, nous Les retrouverons* ». « *Si le grain de blé tombé en terre refuse de mourir, la moisson de l'espoir des hommes ne pourra jamais fleurir* ». Et qui plus est, des chansons que son père aimait et qui avaient été reprises à ses obsèques. Laissait-il par ces refrains un message ?

Après un temps dont elle ne put en déterminer la durée, elle sortit de sa torpeur secouée par les vibrations de l'avion qui traversait une zone de turbulence. Elle réalisa que toute cette souffrance psychologique qui l'habitait n'avait pas ébranlé son instinct de survie et esquissa un triste sourire. Elle se redressa complètement dans son fauteuil. La zone de turbulence les avait secoués comme les vents secouent un cocotier. Le fruit était tombé : une idée avait germé dans sa tête, son père ne mourra pas ! Il vivra au-delà de la réalité qu'était la mort. Elle créera les conditions de cette vie après la mort, par exemple une association qui portera son nom et pérennisera sa mémoire à travers les générations.

« Le lion est mort, vive le lion », « Le roi est mort, vive le roi » ! Un lion, un roi ne meurt pas ! De même, son père étant un « lion », il ne mourra pas. Il ne pouvait pas être lavé de la surface de la terre comme une plage balayée par les marées. Comme il s'investissait dans des activités de développement, militait dans des associations à but non lucratif ayant pour objectif le bien-être des populations toutes catégories confondues (malades, femmes, enfants, personnes âgées, etc), ceci était un champ suffisamment fourni pour y puiser des stratégies à mettre en place pour un projet.

Elle fouilla dans son sac à main à la recherche d'une pastille. Les flammes qui partaient de son estomac à sa gorge étaient de plus en plus douloureuses. Elle ne savait plus à quand remontait son dernier repas. Après avoir fait fondre lentement le comprimé sous sa langue, elle se cala le mieux qu'elle pût dans son fauteuil et ferma à nouveau les yeux.

Le contact des roues de l'avion sur l'asphalte de l'aéroport l'avertit de leur atterrissage. Les passagers n'applaudissaient plus de façon systématique le commandant de bord et le personnel navigant à l'atterrissage des vols long courrier. Quel dommage ! Elle pensa avec nostalgie à la salve d'applaudissements de félicitation qui terminait les voyages long courrier il y a quelques années. En ces temps-là, on écoutait et on obéissait aux instructions du commandant de bord qui souhaitait la bienvenue, souhaitait un bon séjour, remerciait d'avoir choisi la compagnie X, donnait la température à l'extérieur et surtout priait les passagers de rester assis et de ne pas détacher les ceintures jusqu'à extinction du signal lumineux, etc, etc. Aujourd'hui, peut-être était-il préférable de mettre une bande pré enregistrée ? On n'écoutait plus. Mieux encore, on était dans la transgression. Dès que l'avion ralentissait sa course, on entendait claquer les boucles des ceintures de sécurité, on sortait les valises des coffres dans des bousculades inutiles, on se massait dans les allées de l'avion. On aurait dit qu'il y avait un mérite à en sortir le premier et une disgrâce à être le dernier à fouler le sol de son pays.

Comme tous les voyageurs pressés de retrouver le rythme infernal de la vie européenne, elle se glissa dans les rangs. Passerelle, couloirs, check points, bagagerie étaient le circuit habituel avant d'atteindre le hall de sortie.

- Octavie ! S'entendit-elle héler. C'était Alix, un de ceux qui l'avaient aidée dans la préparation de son voyage et avait promis qu'il l'attendrait à son retour. Tu as fait un bon voyage ? J'ai regardé les horaires de vols sur internet. Vous êtes arrivés à l'heure. Laisse-moi t'aider, donne-moi cette valise, continua-t-il en tentant de la soulever. Mon Dieu, qu'est-ce qu'elle est lourde ! Tu as vidé le Cameroun ?

- Bonjour Alix, répondit Octavie en lui faisant la bise. Merci d'être venu. Le voyage était tranquille. J'étais dans les nuages, au propre comme au figuré. C'est une seconde nature pour nous les Africaines de voyager chargées. J'ai amené des aliments pour moi et mes compatriotes. Nous ne mangeons pas au gramme comme vous, européens. Un bon tubercule d'igname peut déjà faire deux kilogrammes et ce n'est pas suffisant pour un repas d'une petite maisonnée. C'est du béton. Cela fait toujours plaisir de manger, quand on est à des milliers de kilomètres de chez soi, un bon poisson braisé, un bâton de manioc cuit au feu de bois et qui a gardé l'odeur de la fumée : c'est notre caviar ! Les choses changent pour notre grand malheur, tant et si bien qu'il y a des voyageurs qui ne s'encombrent plus autant, malheureusement. On trouve de plus en plus les produits de chez nous dans les magasins pakistanais : du haricot noir pour les pommes de terre pilées aux épices spécifiques pour le *mbongo*[4]*, la sauce jaune du taro*[5]*, en passant par les feuilles de manioc, le ndolè, les viandes et les poissons boucanés*. Vive la mondialisation !

- Hum, comme les pakistanais ne vendront pas de sitôt le fumet de vos feux de bois. Pour les irréductibles comme toi, je crois que les soutes des avions bien remplies ont encore de beaux jours devant elles. Aïe, ce fumet pèse bien lourd murmura Alix dans un sourire et en passant la valise d'une main à l'autre. Tu as l'air fatiguée, veux-tu un café ? Je n'ai pas pu avoir la voiture de mes parents. Ils en avaient besoin ce matin. Nous prendrons le train, je t'accompagnerai jusque chez toi. Dis, comment se sont déroulées les cérémonies d'inhumation de ton papa ? J'imagine que cela a été difficile pour toi. D'après ce que tu nous disais, tu ne l'as pas revu depuis une bonne dizaine d'années.

- Un peu moins, mais c'est tout comme. Oui, c'était très dur, confirma Octavie. J'avais toujours espéré qu'il viendrait me voir en Belgique. Il y a deux ans, il était en France pour un bilan de santé, je n'ai même pas pu aller lui rendre visite. Je courais derrière les jobs en reportant chaque jour ma visite au lendemain. Quelle souffrance ! Personne ne peut comprendre l'enfer que nous vivons ici quand surviennent de telles situations. Néanmoins, je garde un merveilleux souvenir de lui. Sa gaieté, sa simplicité devant la vie. Je suis d'accord pour le café. Merci. Avant de nous séparer, tu me donneras une date à laquelle tu es disponible. J'ai réfléchi à un certain nombre de possibilités de garder vivante sa mémoire et je souhaiterais en parler avec toi et d'autres amis proches. Qu'en penses-tu ?

- Je ne peux qu'en penser du bien. Nous sommes tous des pèlerins sur cette terre. Je suis disponible tous les soirs après le boulot et les week-ends.

- C'était vrai, l'homme est un occupant éphémère de cette terre. Elle pensa aux différentes cérémonies liées au deuil, les temps avaient changé. Le deuil ne surprenait plus, il était organisé comme si on l'attendait. Il était ponctué d'offices religieux et de discours. Ces discours *post mortem* étaient la

[4] *Le mbongo Soupe très raffinée du littoral du Cameroun*

[5] *Le taro est un tubercule immangeable quand il est cru, d'où un bon savoir-faire culinaire pour le rendre comestible*

phase qu'Octavie détestait, en effet, à les entendre, on aurait dit que les plus beaux discours étaient ceux prononcés en la mémoire des morts. Les allocutions se succédaient toutes aussi mensongères les unes que les autres. On encensait le défunt, louait ses qualités, on lui promettait de s'occuper de la veuve et des orphelins en étant pertinemment sûr qu'on ne demandera plus de leurs nouvelles dès que les rideaux de cette comédie de discours seront baissés. Son pire ennemi le regrettait dans des hoquets.

Heureusement, il y avait toujours des exceptions. Des témoignages simples et vrais au travers desquels on reconnaissait la vie terrestre du disparu, sans farde, sans fioritures. Ce fut par exemple le cas ici dans la prise de parole de sa tante. Celle-ci avait dit des choses simples, faciles à comprendre : elle avait fait un résumé de la vie de son frère. Elle avait parlé de ses joies, de ses peines, de ses rêves réalisés et de ceux qui avaient résisté à sa perspicacité. Quelques phrases de l'allocution des petits enfants du défunt étaient touchantes aussi. Le surnommé Vieux avait dit entre autres : *« ... Grand père, je tiens à faire part à toute cette assemblée, de l'homme formidable que tu étais. Les valeurs que tu incarnais et que tu t'efforçais d'insuffler à ton entourage étaient le travail, l'amour du prochain et le respect de Dieu... »* Dadou de son surnom avait continué *: « ... Grand-père, tu étais un grand homme, c'est pourquoi ce soir, je veux te dire : va, ne te retourne pas ! Va droit au ciel ! Aie l'assurance que la graine que tu as déposée en nous tes petits-fils germera à jamais. Comme un Lion, tu es retourné dans ta tanière d'où tu rugiras pour toujours ... »*

En dégustant leur café, Octavie et Alix avaient continué de parler, de prendre et de donner des nouvelles. Alix avait accompagné Octavie jusque chez elle comme promis. Il avait pris congé sur le pas de sa porte en lui conseillant d'essayer de dormir, quitte à prendre exceptionnellement un somnifère.

Quelques jours plus tard, Octavie avait réuni ses amis auxquels elle exposa le projet d'association. Ce soir-là, elle remarqua que ses convives remplissaient toutes les compétences pour la mise sur pied d'une association. Rose, par exemple, travaillait dans une Association Sans But Lucratif (ASBL) en relation avec la coopération au développement. Il y en avait qui étaient bénévoles dans des associations qui avaient tissé des partenariats avec l'Afrique, une faisait de la politique, un autre était féru d'ordinateur et Alix quant à lui, ne nourrissait qu'un seul rêve, celui d'aller travailler en Afrique pour selon lui, expier les pêchés de la colonisation. On se demandait quelle mouche l'avait piqué pour qu'il se sente redevable des méfaits de cette période.

Dans leur grande majorité, les Africains résidant en Europe passent à un moment ou à un autre au mode « projet » ; celui-ci étant le bon moyen à leurs yeux de préparer leur retour au pays ou leur ancrage définitif en Europe. Les idées ne manquaient pas, des plus farfelues aux presque réalisables. Il n'y avait pas plus fertile que l'imagination des Africains en matière de projet à installer dans leur pays à leur retour à une date hypothétique.

Octavie exposa à ses amis qu'elle souhaiterait que les personnes présentes ce jour constituent le « comité de soutien » pour la création d'une association. Comme l'activité de l'association sera finalement la création d'un projet, elle n'aura pas trahi le virus que les Africains attrapent dès qu'ils foulent le sol européen, c'est-à-dire créer des projets, des projets de retour ; dans le même temps elle aurait satisfait sa féroce envie de faire vivre la mémoire de son père. Elle rentrera aussi avec un projet, signe extérieur qu'elle avait réussi en Europe et ramenait la part de gâteau des congénères restés au pays.

Les amis, dit Octavie en se dirigeant vers la table où elle avait dressé assiettes et couverts, il est temps de passer aux choses sérieuses. Aujourd'hui, nous mangerons « camerounais »! Ce sont des mets que j'ai ramenés spécialement pour vous. Encore une fois, je vous dis merci pour le soutien que vous m'avez apporté.

- Eh ! Tu ne vas pas nous le redire mille fois ! Explique-nous plutôt l'objet pour lequel tu tenais à nous réunir aujourd'hui. Aux dernières nouvelles, tu envisages de créer une association en la mémoire de ton Papa. C'est quoi cette préparation ? Continua Alix en piquant délicatement sa fourchette dans un mets trônant au centre d'un plat.

- C'est du « *mets de concombre* » comme on dit chez nous. Il est fait à base de graines moulues d'une variété de potiron ; expliqua Octavie. Il s'accompagne de tubercules. Quand une femme le cuisine et l'offre à une personne, c'est pour témoigner de l'estime qu'elle a envers cette personne.

- C'est du *ndolè* ici ? S'enquit Rose en se servant d'une toute petite cuillérée de mélange de légumes verts, de cacahuètes fraîches pilées et morceaux de viande, le tout noyé dans une bonne couche d'huile au-dessus de laquelle on devinait des morceaux d'oignons hachés et grillés.

- Oui, tu l'as reconnu. Tu t'*africanises* bien ! S'exclama Octavie. Elle développa son idée d'association et conclut en disant que toutes les idées et expertises étaient les bienvenues.

C'est dans cette atmosphère conviviale que débutèrent les premiers échanges de points de vue, de détails, de clarifications tels que :

- En ce qui me concerne, avait lancé une voix, je suis plus penchée vers les projets culturels que vers les formes traditionnelles d'association. Dans cet ordre d'idée, j'organise une exposition d'art contemporain dans le hall de la gare le mois prochain à laquelle je vous convie. Est-ce à ce genre d'activité auquel tu fais allusion Octavie ?

- Non, du moins pas pour le moment. J'assisterai quand même à ton exposition. Cela peut toujours nourrir des idées. Avant le stade des expositions ou journées portes ouvertes, je pense à des activités concrètes sur le terrain : ici, des actions pour recueillir des sous et au pays on les investit.

- J'ai des idées de projets pour l'Afrique qui vont peut-être dans ce sens-là, dit quelqu'un d'autre en goûtant du bout des lèvres le mélange de frites de plantain, de morceaux de poulet et de légumes dont il n'a pu s'empêcher de se servir sous l'insistance d'Octavie. C'était le réputé poulet D G camerounais, DG comme directeur général.

Pendant le repas, ils avaient échangé leur avis sur la création de cette association, son fonctionnement. Ils avaient réfléchi sur une multitude de projets et avaient abordé différents voies et moyens de capter les financements, comment attirer l'attention des bailleurs de fonds. Il ne fallait pas se voiler la face, quelle que soit la ligne d'intervention qu'ils auront retenue, le nerf de la guerre sera le même : la recherche de financement.

Une soirée n'était pas suffisante pour arrêter le travail. Ils s'étaient rencontrés plusieurs fois par la suite afin de théoriser l'Association *K-Robert.com*.

IL FAUT SAUVER LE SOLDAT AFRIQUE : MODE PROJET

A la dernière réunion, le groupe s'était auto proclamé « Comité de Soutien à l'Association K-Robert.Com », en abrégé CS. Ce jour-là figurait à l'ordre du jour un seul point : quelle activité choisir ?

Face à une prolifération d'activités de développement (champs communautaires, aménagement de points d'eau, installation d'espaces numériques, fermes avicoles, bovines) portée par la multitude d'Organisations non Gouvernementales installées au Cameroun, la tâche du CS n'était pas facile. Pour corser les difficultés et éviter les mauvaises surprises, certains membres du CS avaient fait des recherches sur la toile et apporté les résultats. Ainsi, le groupe était informé sur la situation économique du Cameroun. On apprenait que le pays se portait bien sur le plan macro-économique, et quelques lignes plus loin le même document relevait des difficultés de financement des activités au niveau micro- économique. Une autre publication mettait le Cameroun au banc des accusés pour des problèmes de corruption, de népotisme et d'autres maux. Il y avait presque de tout, ce qui n'était pas pour faciliter les prises de décisions.

C'est dans ce capharnaüm d'idées que le CS avait pataugé puis était arrivé à se mettre d'accord sur une ligne de travail. De plus, Octavie revenant de son village, ses expériences étaient encore fraîches et avaient servi dans les échanges. Entre chagrin et crise de larmes, elle observait et notait à son corps défendant ce qui se passait autour d'elle. C'est ainsi qu'elle avait remarqué que de plus en plus, quand on partait de la ville pour se rendre dans l'arrière-pays, au village, quelle qu'en soit la raison : visite de la famille, deuil, funérailles, autres réjouissances populaires, on faisait une bonne provision de pain, de boîtes de conserve comme la sardine pour la famille et les voisins. Au petit déjeuner, le pain avait remplacé les restes de repas du soir qu'on mangeait, chaud ou froid, avant de vaquer aux occupations : école pour les jeunes, cueillette de vin de raphia et travaux champêtres pour les adultes, nettoyage et séchage des fèves de café pour les seignors qui gardent en même temps la concession.

Face à ce constat, le choix du comité de soutien s'était cristallisé sur la création d'une fabrique de pains. Il avait conclu que, tout en étant un produit dont le matériel et les techniques de fabrication ne sont pas d'origine locale, le pain était entré dans les habitudes alimentaires des populations, mêmes les plus reculées du pays. D'autres arguments qui plaidaient en faveur de la fabrique de pain étaient sa facilité de fabrication, de transport et aussi ses apports nutritionnels dans l'équilibre alimentaire, au cas où on aurait besoin de cet argument qui ne disait strictement rien à la population concernée pour compléter un dossier de demande de financement.

Le côté spirituel du pain n'avait pas été épargné dans cette bataille de projet. L'argument avait été apporté par Alix, dont la croyance et l'éducation étaient restées fidèles à la civilisation judéo-chrétienne. Il avait ajouté de l'eau au moulin de la fabrique de pain en prêchant très solennellement : « Parler du pain au sens large, c'est parler de la vie dans ce qu'elle a de subjectif, d'immatériel et de beau. La première référence n'est-elle pas cette phrase de la prière récitée par les chrétiens et connue des autres : « … donne-nous aujourd'hui notre pain de ce jour… » » ?

Une salve d'applaudissements avait accueilli cet « évangile ». Ayant arrêté le projet de fabrique de pain, le groupe avait entrepris de rassembler un maximum d'arguments pour défendre son idée. On pouvait lire dans la compilation du jour :

- Le processus de fabrication du pain sera rassembleur. En effet à une petite échelle comme ce sera le cas, il fera appel à de la main d'œuvre plus qu'à la mécanisation. Au sens propre comme au sens figuré, tout le monde pourra mettre la main à la pâte, homme ou femme, jeune ou moins jeune, citadin ou paysan, lettré ou analphabète. Chacun trouvera un espace dans cette construction pour poser sa pierre.

- Au niveau du matériel utilisé, un four pour la fabrique du pain était financièrement plus accessible que celui d'autres produits. Il était aussi le moins contraignant en termes d'entretien pour la population, qui somme toute, avait des connaissances embryonnaires en technique et en technologie avancée.

- Le dernier point retenu lors de cette réunion était que les différentes étapes entrant dans la fabrication du pain libèrent du temps pour réaliser d'autres activités : tricoter, broder, retoucher les vêtements, faire le repas familial, ou tout simplement raconter des indiscrétions, comme les femmes aimaient si bien le faire dès qu'elles étaient réunies.

Encouragée par la tournure que prenaient les évènements, Octavie et le CS se sont lancés dans cette aventure, oh combien exaltante, d'œuvrer à la fabrication du pain dans un village au Cameroun.

Avec recul, Octavie réalisa avec satisfaction qu'elle venait de mettre sur pied un *Projet* ! Elle avait maintenant son *projet.* Ce terme était devenu au fil du temps « magique ». Peu importait les différentes définitions des dictionnaires, aujourd'hui, le mot *projet* était synonyme de financement, d'argent frais à recevoir, d'espérance. Il s'invitait dans toutes les conversations avec sa « jumelle » Organisation Non Gouvernementale {ONG). Au Cameroun, c'était à la mode de créer son *projet* ou son *ONG.*

En la faveur des crises économiques et sociales que traversait le pays, on servait le *projet* à toutes les sauces. Les grands discours des services étatiques parlaient de *projet* : projet d'adduction d'eau, projet d'électrification villageoise, projet d'amélioration des semences, projet de ceci, projet de cela ; les populations au niveau individuel ou regroupées en associations réelles ou fictives, parlaient aussi de *projet,* les mêmes projets que ceux énoncés par les services publics ramenés à leur niveau. Dans la course à la quête de ressources, il y avait de la place pour tous les rêves. Il n'était pas rare que pour certains initiateurs de projets, le capital de départ se résume à quelques feuilles et cachets dans un cartable d'écolier.

Octavie n'avait pas échappé à la règle, elle venait de franchir le pas, celui de se mettre en mode projet pour sauver son pays, quand on atterrit en Europe. C'est dans cet environnement de *projets* tous azimuts que sont trempés les candidats à la migration. Ceux-ci veulent partir parce qu'ils se sentent l'âme de sapeurs-pompiers, la tête bourdonnant de projets. Ils se sont investis de la responsabilité de sauver « le soldat Afrique ». Tant qu'ils étaient dans la recherche du réseau pour partir, la mission était facile. Comment pouvait-il en être autrement, la solution était à portée de l'imagination car, en disant immigration, on entendait réalisation de son *projet.*

C'est dans cet état d'esprit de sauveurs qu'Octavie et les autres débarquent en Europe : boursiers ou non, étudiants dans la majorité des cas, ils sont aussitôt rattrapés, plongés et entretenus dans le mode *projet.* Les programmes scolaires en regorgent. Les conférences ou propagandes internationales parlent de projet de développement de l'Afrique le matin, à midi et le soir. Tout ceci contribue à entretenir en chaque migrant une psychose de projet. Chacun en a un qu'il nourrit et modifie au fil du temps, au gré de ses rencontres. On se rapproche des associations, des collectifs, des fondations et d'autres assemblées aux anagrammes aussi complexes les unes que les autres qui ont un dénominateur commun : sauver le soldat Afrique à l'aide des projets.

Au contact de tout cet univers en Europe, la petite idée de « projet » mis en place dans le pays avec les limites liées aux capacités de s'informer régulièrement par l'accessibilité à internet prend forme, grandit au point que la source, le microprojet alimente désormais un projet devenu fleuve. Comme un serpent de mer, les bras du *projet* minent les migrants devenus spécialistes en *projets*. Plus cette notion est intégrée, plus les stratégies de vie se modifient. Arrivée en bout de piste en Europe, le projet aura une nouvelle appellation, il deviendra le *projet retour*. Il est bien ficelé et respecte toutes les consignes des bailleurs de fonds qui inondent la toile de leurs cahiers de charges.

Il n'y avait pas de mauvaise raison pour créer un projet, de surcroit un projet retour ; tout était bon. C'est pourquoi à cause ou à la faveur du décès de son père, Octavie avait son projet. Comme elle était en Europe, cela deviendra son *projet retour*.

Après la conception du projet, la phase suivante était la non moins compliquée étape de recherche du financement. Il allait sans dire que si tous ces illuminés de *mbenguistes* noircissaient des pages entières de bonnes intentions, de programmes de développement qui n'avaient rien à envier à ceux élaborés par les hauts spécialistes en la matière des organisations internationales, la colonne « ressources propres » était invariablement égale à zéro. Après la litanie de la théorie, le projet devait se matérialiser sur le terrain, être viable, pouvoir se financer, s'auto financer, pour n'utiliser que quelques mots dont le vocabulaire des porteurs de projets s'était enrichi.

Peu à peu, le *projet* ou le *projet de retour*, problème de sémantique, était refoulé aux arrières plans tout en restant présent. Cela devenait une sorte de jeu d'équilibrisme entre la vie quotidienne en Europe et le rêve de rentrer déplacer les montagnes. On naviguait entre la méthode Coué, celle où les rêves remplacent la réalité et celle du quotidien où on a de vraies factures à payer. Lentement mais sûrement, l'esprit de résilience en chacun savait qu'il fallait d'abord survivre en Europe, les difficultés quotidiennes avaient vite fait de déconstruire l'image d'Epinal que les migrants avaient en eux, celle où l'argent coule à flot en Europe.

Les années s'écoulaient, insensibles à la préoccupation des chasseurs de projets ; préoccupation qui consistait à trouver des financements pour atteindre leur objectif. Comme il était difficile pour les téméraires et impossible pour les pragmatiques de voir un financement tombé du ciel, la réalisation du projet retour devenait un défi personnel et se greffait naturellement sur les autres défis à long terme. On se retrouvait englué et pataugeant dans une toile dont on avait soi-même tissé les fils avec beaucoup de bonne foi et d'innocence. Les deux poumons de l'existence du migrant étaient l'un, de survivre en Europe et l'autre de maintenir sous perfusion son projet de retour.

Il allait sen dire que moins on avait d'euros à consacrer à la réalisation de son projet retour, plus la réalisation de celui-ci était reportée dans le temps et bien évidemment, on multipliait les stratégies de renouvellement de carte de séjour pour rester en Europe jusqu'au jour où on sera capable de retourner avec dans ses bagages la somme nécessaire pour réaliser son projet, son projet retour.

La réalité était que plus les années passaient, plus les projets grandissaient, s'amélioraient dans les formulations, les ambitions et devenaient de plus en plus irréalisables. Rester irréalisable était la seule chose à laquelle le projet n'avait pas dérogé depuis le jour où il avait germé dans la tête de son « promoteur » : le projet de puits d'eau était muté vers un barrage hydraulique villageois ; l'amélioration de l'habitat familial était devenue la construction d'un immeuble à faire louer par des étudiants version KOT universitaire ; l'achat d'un taxi brousse était remplacé par une société de transport calquée sur « UBER », « BLA BLA CAR ».

Outre la fabrication du pain, Octavie pensa avec nostalgie à cette autre activité qu'elle avait essayé de mettre en place avec un groupe de femmes lors d'un séjour au pays. Pourquoi ne s'était-elle pas concrétisée ? Il s'agissait de la vulgarisation de l'extraction et de la conservation du jus de fruit.

Elle se souvenait que les femmes et les jeunes filles qui avaient répondu à la première invitation et avec qui elle avait établi un calendrier et des groupes de travail n'avaient pas honoré le rendez-vous suivant. Pouvait-on leur en tenir rigueur sans chercher à comprendre leur manque d'intérêt manifeste ? Les condamner par contumace ?

Après réflexion, Octavie avait conclu que ces femmes étaient certainement désillusionnées par les promesses, désillusionnées par les tromperies des organisations internationales, des services ministériels qui venaient vers elles, gyrophares allumés, sirènes hurlantes accompagnées de roulement de tam-tam, au son des fanfares et des trompettes apporter un projet de développement qui n'ira pas plus loin que le stade de l'inauguration avec ses grands discours.

Ne voit-on pas dans les villes et villages des espaces terrassés pour un bâtiment qui ne verra jamais le jour ? Des véhicules abandonnés faute d'entretien ? Des cartons de médicaments délaissés parce qu'ils arrivent au village avec des dates de péremption longtemps dépassées ou sans rapport avec les pathologies courantes des populations ? Des lacs artificiels destinés à l'élevage des poissons devenus des repères à serpents et autres reptiles dangereux ?

Il y avait quelques temps déjà que la parole avait perdu toute crédibilité. Les promesses, comme on dit, n'engageaient plus que les personnes qui y croyaient. On était désabusé par les mensonges de la part des personnes les plus honorables aux plus simples, on se méfiait de tout et de rien. Signe des temps ! On mesurait jusqu'où on était devenu frileux face aux promesses, au projet.

Cette analyse faite, Octavie avait adopté une autre stratégie pour réveiller l'envie de poursuivre ce projet chez les femmes.

C'est ainsi qu'elle avait fabriqué et apporté à la prochaine réunion des bouteilles de jus pressé et conservé. Pour intéresser les futures adhérentes, on leur en distribuera en argumentant que c'était un produit bon pour la croissance des enfants, il ne coûte pas cher et il est facile à réaliser à la maison. Ce sont à peu près les seules motivations qui pouvaient encore capter l'attention des femmes, à savoir le bien-être des enfants et le prix.

Elle avait fait le porte à porte pour sensibiliser à nouveau celles qui avaient manifesté un intérêt au départ. Les ateliers s'étaient tenus, les apprentissages avaient été effectifs. Quant à savoir si les participantes avaient continué à pratiquer chez elles les techniques apprises, il ne fallait pas réfléchir longtemps. Les enseignements tirés de cette première expérience pourraient servir dans son nouveau projet retour.

Octavie avait néanmoins retenu que ce fut une bonne expérience. Les ateliers étaient très animés. C'était une occasion rêvée pour les femmes de discuter entres elles, loin des oreilles indiscrètes des hommes. Les espaces entre deux phases de fabrication étaient meublés par les éclats de rire, les chuchotements, les commentaires remplis de non-dits et sous-entendus.

La dernière assemblée fut l'une des plus joviales, Octavie ne pouvait l'oublier.

- Bonsoir, lança en français (au village, on s'exprime en langue maternelle) celle qui entrait dans un fracas de porte ouverte à la volée et en allant se servir sans y être invitée, une bouteille de bière dans la caisse posée à même le sol.

- Bonsoir, *ouzoo loh,* répondirent les femmes, en français ou en dialecte, en tournant le regard vers celle qui ouvrait déjà sa bouteille de bière à l'aide de ses dents.

- Eh Sonia, lança Pauline, je te croyais partie en ville ! Dans ton champ il y a plusieurs bananiers et plantains qui n'ont pas de tuteur, la production s'annonce bonne cette année. Dieu a écouté nos prières. Il faudra me laisser l'argent pour sécuriser ces plants.

- Pauline, merci de l'information. Nous en parlerons demain. Je rentre effectivement de la ville. Les enfants m'ont dit à la gare routière que vous étiez ici pour faire du jus de fruit. Je suis venue directement comme j'étais à côté. Octavie, tu viens aussi nous tromper avec le jus ? Nous sommes le laboratoire des expérimentations foireuses des citadins. C'est vrai, dites-lui, continuait-elle en prenant ses consœurs à témoin. Aujourd'hui ce sont les jus de fruit pour équilibrer l'alimentation des enfants, hier, on nous apprenait à construire les foyers pour économiser le bois de chauffage, avant-hier c'était la fabrication des engrais. Je ne parle même plus de ceux qui sont venus ici sous je ne sais plus quel couvert nous promettre des micros crédits. A la place, ils ont raclé toutes nos épargnes et ont disparu. Vous ne vous en souvenez plus ?

- Bien sûr, bien sûr ! Répondirent-elles en chœur. Une voix ajouta : Octavie est notre sœur, c'est pour cela que nous avons estimé que nous pouvions lui faire confiance.

- Je suis blasée de tout ça. Octavie, je n'ai rien à te reprocher, mais je peux te promettre que dès que tu auras le dos tourné, tes jus de fruits rentreront dans l'histoire comme les autres projets.

- Si je savais que tu allais en ville, interrompit Une voix du fond de la salle, t'aurais donné du haricot à remettre à mes enfants qui sont à l'université. Ils mourront de faim un de ces jours, mon Dieu. S'il te plait, la prochaine fois, fais-moi signe. Au fait, qu'es-tu allée faire en ville ?

- Sonia avait à peine vidé sa première bouteille qu'elle s'était resservie. Pour éviter toutes disputes, celle qui s'était érigée en censeur de séance planqua le casier derrière la porte d'entrée. Au passage, elle se servit une bouteille de bière et la remplaça immédiatement par une bouteille vide sortie de son sac à main. C'était monnaie courante dans le village : pour aller à une réunion, invitation, fête, funérailles, bref, n'importe où, où la boisson était susceptible d'être servie, certaines femmes glissaient avant le départ une vidange dans leur sac à main. Elles l'échangeront contre une bonne bouteille de leur nectar préférée, qui servira à recevoir un étranger ou pourquoi pas, se désaltérer après une journée de labeur.

- Je suis allée en ville retirer l'argent qu'un blanc m'a envoyé par western union pour la Saint Nicolas. Octavie, c'est encore quelle fête ça, la Saint Nicolas ?

Les femmes ne lui laissèrent pas le temps de répondre, captivées par ce que venait de dire Sonia.

- Où as-tu rencontré ce blanc ? Demandèrent les femmes en même temps.

- Sur internet. Cela fait quelques mois que nous communiquons. De plus, il me téléphone tous les vendredis ; comme le réseau ici au village est capricieux, je suis allée en ville pour être sûre de ne pas rater son appel.

- Mama Mia ! S'exclama Octavie. C'est vrai alors cette histoire de *tchatche* dont on parle dans des reportages en Europe. Il se dit même que les filles de notre pays ont la palme d'or. Quel âge a ton Monsieur ? Que fait-il ?

- Il a soixante-quinze ans. Cela ne me cause pas problème. Je lui ai dit que je voulais vivre en Europe. S'il m'épouse et adopte mes enfants, où est le problème ?

- Ma chère enfant, fais très attention. On raconte beaucoup de choses à ce propos. Si tu t'intéresses seulement aux avantages, sache qu'il y a aussi beaucoup de non-dits, le revers de la médaille. Prévint Octavie.

Il lui était difficile d'en dire plus. Chaque fois qu'un *benguiste* revenait au pays et tentait de dissuader une personne, surtout une fille dans ses rêves d'évasion par des rencontres sur internet, cela tournait mal. On lui reprochait de ne pas vouloir partager les bénéfices de la bonne vie en Europe. On lui demandait que si les conditions étaient aussi difficiles là-bas qu'il le prétendait, pourquoi ne rentrait-il pas au pays ?

La salle était muette, certainement d'admiration devant Sonia qui *tchatchait* avec un blanc. C'était facile de deviner le film qui se déroulait à toute vitesse dans leur tête de paysanne.

- C'est un Monsieur sérieux, il est en France. Je ne mens pas, voici l'argent qu'il m'a envoyé, dit Sonia, en montrant une petite liasse de quelques billets de dix mille francs CFA, qu'elle s'empressa de remettre dans son porte-monnaie.

Octavie fit un rapide calcul mental et déduisit que le Monsieur avait envoyé environ cent euros. N'importe quoi ! grommela-t-elle pour elle-même.

- Vous, les jeunes filles d'aujourd'hui, vous êtes très imprudentes, avança une aînée du groupe. La sorcellerie des blancs est très puissante. Il paraît que même à distance, ils peuvent vous aliéner. C'est ainsi que les filles deviennent folles ici dehors. On les plaint alors qu'elles sont à l'origine ce de qui leur arrive. L'argent facile ! Sonia, avant de le dépenser, il faut d'abord te blinder.

- Si c'était le cas, il n'y aurait plus une seule fille normale en ville. Il faut voir le petit cyber de mon quartier. Quand il y a le réseau, toutes les filles du quartier et des environs y déferlent. Les Mamans aussi s'y rendent pour tenter leur chance. Ici au village, à cinquante ans vous vous dites vieilles. Allez voir ce qui se passe en ville. Octavie, tu connais une personne ou un *benguiste* qui retourne en Europe ces jours ? Je voudrai envoyer un paquet à mon type ? Je lui ai dit de m'envoyer un appareil photo numérique et un téléphone portable.

- Non Sonia, je ne connais personne.

- Laissez Sonia avec sa sorcellerie, avait crié une femme exaspérée. Voilà la minuterie qui sonne. Pendant que je rince les bocaux, vérifiez que le jus ne bout pas, comme on nous a appris. C'est la dernière séance aujourd'hui. Comment allons-nous faire demain ?

C'était vrai, l'activité collective prenait fin ce jour. La dame qui venait de parler avait raison. Le groupe allait se séparer aujourd'hui ayant maîtrisé les techniques de fabrication et de conservation du jus. La question était pertinente : « Qu'allons-nous faire demain ? » Si la salle de travail prêtée par la commune était équipée et mettait à disposition du matériel adéquat, ce n'était pas le cas des cuisines des femmes pour qui le projet n'avait rien prévu en ce qui concerne la fourniture et l'amélioration des outils de travail.

En définitive, c'était une activité, un projet inachevé, qui restera comme les autres en travers de la gorge des femmes.

CAOLO[6] D'ABORD

En attendant qu'un financement tombe du ciel, il fallait vivre, plus exactement, il fallait s'enkyster en Europe. Les voies et les moyens étaient variés, des plus simples aux plus complexes, quand ils n'étaient pas saugrenus, selon qu'on soit homme ou femme, jeune ou plus âgé. Pour *rester* comme on disait dans le jargon camerounais, c'est-à-dire s'installer durablement, il fallait renouveler annuellement ses *caolos*, et progressivement espérer une carte moins contraignante, pourquoi pas une régularisation, le jack pot, chemin faisant. Chacun expérimentait à son niveau et avec ses moyens, une multitude de solutions avant de trouver le bon créneau vers le graal, la carte définitive.

L'inscription universitaire était une des pistes, jalonnée de quelques obstacles, mais de loin la plus accessible. Elle donnait aussi facilement accès à des petits travaux, à des jobs d'étudiants. D'année en année, on multipliait les inscriptions, on redoublait, on triplait les classes jusqu'à la limite autorisée, jusqu'à frôler l'exclusion ; on dégottait une autre université par le bouche à oreille et le cycle était enclenché pour quelques années de tranquillité.

Ce jour-là, Octavie revenait de l'administration communale, passage obligé en cette fin de vacances pour renouvellement de papiers quand elle entendit une voix familière dans son dos. C'était Cécile, une de ses compatriotes :

- Bonjour Octavie !

- Bonjour Cécile, tu vas bien ?

- Ma sœur, qui va bien ces jours-ci ? C'est la période de renouvellement des *caolos*. Je cherche encore une prise en charge. Et toi ? Vous les anciens, donnez-nous quelques pistes.

- Ma sœur, tu sais que les cas se suivent et ne se ressemblent pas. Si tu peux avoir une prise en charge, c'est le plus sûr. Il y en a qui opte pour la formule de demande du gounda[7]. Attention, dans ce cas, tu t'arranges à devenir un farouche opposant au gouvernement de chez nous, tu milites dans les associations fantômes de la diaspora, et tu attends. Il faut avoir les sous parce que tu devras t'adresser à un avocat et il s'occupe du reste. Il y en a parmi eux

[6] *Caolo désigne la carte de séjour dans l'argot*
[7] *Demande d'asile dans l'argot*

qui ont fait des dossiers des immigrés leur fonds de commerce et ça marche. L'avantage dans ce cas est que quand tu obtiens les papiers, ceux-ci sont définitifs. Il n'y a plus de renouvellement, plus de prise en charge et autres contraintes. Il parait aussi que tant que tu es en procédure, on ne peut t'expulser. Il y a mille et un moyens ici de renouveler sa carte de séjour. C'est l'avantage de ce qu'ils appellent ici « un pays de droit ». Lis leurs textes, tu trouveras toujours une faille à exploiter. Tu as fait le droit.

- Tu as raison. Quand tu es dans notre situation de renouvellement de carte de séjour, tu ne peux faire cette économie, en plus de demander et d'écouter les conseils par-ci par-là. Tu as une minute ? Asseyons-nous à une terrasse, il ne fait pas encore très froid. Je sais que tu apprécierais un café bien serré.

- Oui, On dit qu'il faut s'intégrer ! Côté café, j'aime bien le prendre en terrasse, même par mauvais temps.

- C'est cela même ! Comme si l'intégration tenait à une tasse de café en terrasse. Tiens, voilà Brigitte, continua Cécile en faisant de grands signes de bras pour attirer l'attention de la dame qui passait à quelques mètres d'elles.

- Bonjour mes sœurs dit la nouvelle arrivée en se baissant pour faire la bise. Un petit café pour se réchauffer ! Vous êtes déjà loin dans le processus d'intégration. J'ai rendez-vous dans une heure à la place de la Fontaine. En attendant, je vais m'asseoir avec vous avec votre permission. Je suis bien fatiguée. Je reviens du job.

- On dirait que la terre entière est en mode « rendez-vous », c'est pour la prise en charge ?

- Oui, c'est la saison des prises en charge. Notre compatriote qui va m'aider a épousé un blanc. Elle lui a dit que je suis sa cousine et l'a convaincu de me signer une prise en charge. C'est donc « notre beau » que je vais rencontrer pour lui donner les informations dont il a besoin. Je suis sauvée pour cette année.

- Tu as de la chance. Je cherche encore un réseau, même si c'est payant. Intervint Cécile.

- Tu as une autre possibilité, dit Brigitte sur le ton de celle qui livre un ultime secret. Il n'y a pas seulement la prise en charge. Comme tu es en couple avec ton fiancé, si vous avez un enfant, vous pouvez le faire reconnaître par une personne qui a la nationalité. Ainsi, tu as les papiers par l'enfant et tu les transmettras à ton mari quand vous vous marierez officiellement.

- Il y a une autre solution, renchérit Octavie. J'ai appris que cela fonctionne aussi. Tu t'arranges avec quelqu'un qui a la nationalité, tu mets ton adresse légale chez cette personne comme si vous étiez mariés ou en cohabitation légale. Après quelques temps, tu as la carte de cinq ans. Evidemment, vous convenez d'un prix au départ. Il paraît qu'il y a des personnes chanceuses qui tombent sur des bons samaritains qui ne demandent pas un centime.

- C'est dans la Bible que j'ai lu les histoires de bons samaritains. Les blancs-là vont nous pousser à devenir de véritables experts de la Mafia pour rester chez eux. Pour le cas de l'enfant que l'on fait reconnaître par un Belge, comment lui expliquer plus tard pourquoi il s'appelle « Van » quelque chose ou qu'il a un nom d'une origine qui n'est pas la sienne ? interrogea Cécile.

- Où est le problème ? Répondit Brigitte. Tu lui diras que c'est le nom de son parrain. Tu n'as pas besoin de lui dire qu'il était un « enfant-caolo ».

- Hé ! Les filles, mon rendez-vous, j'y vais, dit Brigitte en vidant sa tasse. La prochaine fois, c'est moi qui paye. On est chez les blancs.

Elle avait fini la phrase en étant déjà à une bonne distance de ses camarades qui eurent juste le temps de lever la main en signe d'au revoir.

- Quelle énergie ! Dit Octavie en suivant des yeux Brigitte jusqu'à la perdre de vue.

- Je suis admirative devant cette compatriote. Compléta Cécile. Elle souffre ici avec nous alors que les journaux citent toujours plusieurs membres de sa famille parmi les grosses fortunes d'Afrique. Sans compter les diplomates qui travaillent dans des organisations internationales. C'est une famille que Dieu a bénie.

- C'est la vie avec ses secrets de famille, ses frustrations, ses joies et ses peines. Repris Octavie. J'ai déjà lu des articles sur leur fortune. Ce que j'ai trouvé triste, c'est que certains parmi eux ne s'identifient plus par leur patronyme.

- C'est-à-dire ? Ils ont changé de patronyme ? S'enquit Cécile

- Oui, et il paraît que leur papa en a beaucoup souffert. Expliqua Octavie. Tu imagines cela ? Tu donnes ton nom à ton enfant comme le plus précieux des héritages. Tu ne ménages aucun effort pour qu'il réussisse dans la vie, et ce fut le cas de leur papa. Ce Monsieur avait des défauts comme tout le monde, mais il était reconnu et apprécié pour les combats qu'il a menés pour que ses enfants soient des as à l'école, et cela a payé. Aujourd'hui, beaucoup de nos parents suivent son exemple et le mot d'ordre dans les familles c'est « école, école, école ». Bref ! Demain, dès que ces enfants deviennent des « big mam » comme disait notre professeur d'anthropologie, au lieu de faire rayonner le nom qu'ils ont reçu en héritage partout dans le monde, ils empruntent un autre patronyme. Les frasques de cette famille font couler beaucoup de salive chez nous. Nous sommes du même village, je crois que Brigitte l'ignore et c'est mieux ainsi pour nous deux. Elle a les frères les plus monstrueux qu'on peut rêver d'avoir. Leur papa est décédé dernièrement, paix à son âme. Si tu voyais le taudis dans lequel il habitait, avec des enfants aussi riches. C'est honteux !

- Tu sembles bien connaître cette famille.

- Qui les ignore au village ! Quand leur papa est décédé, on dit que le deuil n'a pas été au top, comme on pouvait s'y attendre. Dans ce sens où on dit chez nous qu'un deuil s'est bien passé quand la population s'est régalée. Ici c'était sélectif, Il n'y avait pas de cohésion entre eux, comme si quelqu'un avait semé l'arbre de la discorde entre eux. Les riches recevaient les riches avec services traiteurs, pendant que les villageois, ceux-là mêmes qui animent les veillées avec chants et danses étaient ignorés. Toutefois, sur le plan individuel, on a beaucoup regretté le départ de ce papa. C'était un grand homme. Cela ne doit pas être facile à vivre pour Brigitte.

- Que de *fake* news ! Intervint Cécile. Qu'on arrête de s'occuper des problèmes de famille des autres. Il y en a partout. Je crois qu'il y a beaucoup de jalousie. Ils font des envieux. Ils offriraient toute la terre, qu'il y en aurait toujours qui trouveront à médire. Avec cette forme de verbatim qui nous caractérise, on répète sans filtre ce qu'on a entendu. Quand il y a des ajouts, c'est toujours dans les excès négatifs. Refuser de porter son patronyme initial n'est pas banal, il peut avoir une forme de souffrance qui le justifie. Je ne condamne pas sans comprendre, et puis, chacun fait ce qu'il veut de son argent.

- Tu as raison. On ne doit pas se mêler des problèmes de familles des autres. Attends, je vais te faire rire ; Un de mes petits frères m'a bloquée sur son téléphone depuis des années. C'est-à-dire que même si je suis entre la vie et la mort, je ne peux lui envoyer un message de détresse, souhaiter que ma bouteille à l'eau aille jusqu'à lui.

- Tu m'étonnes ! Tu veux que je te raconte ce qui se passe chez moi ? Je t'ai interrompu. Qu'est ce qui nourrit une telle animosité entre vous ?

- L'argent. Il dit que je suis très pauvre pour évoluer dans son milieu. Il se plaint que je suis toujours dans la demande. Quand ce n'est pas mon loyer qu'il faut m'aider à payer, ce sont mes factures d'hôpitaux. En hiver, c'est ma cuve à mazout qui est vide. Or, j'ai pris soin de mon mieux de mes frères comme s'ils étaient mes enfants. Je travaillais, j'avais un bon salaire quand nous étions jeunes. Il était évident pour moi que si je suis dans la drèche un jour, ils n'hésiteraient pas à me renvoyer l'ascenseur. Je me suis trompée.

- Que ferait ce petit frère s'il était Dieu ? Heureusement que cela ne risque pas d'arriver. Le matin, Dieu entend de toutes parts : « je veux ceci, je veux cela » ; à midi, Il entend : « je veux la santé, je veux la maison, je veux la voiture » ; le soir : « je veux l'argent, la réussite, les enfants, je veux un mari, je veux une femme ». De jour comme de nuit, les demandes n'arrêtent pas.

- C'est vrai, heureusement pour nous, Dieu n'est pas un homme. Nous continuerons à Lui adresser nos doléances. Je vais y aller, compléta Octavie qui avait regardé furtivement sa montre. J'ai cours l'après-midi.

- Tu t'es encore inscrite ?

- Oui bien sûr ! Si non, je fais comment pour renouveler mes papiers ? J'ai pris une inscription bidon en management.

- En attendant la prise en charge, je vais aussi me réinscrire. Ça aussi c'est compliqué parce que les communes n'acceptent plus n'importe quelle inscription pour le renouvellement des papiers.

C'était vrai. Il y avait encore quelques années, renouveler sa carte de séjour par une inscription était à portée de tous. Une inscription dans n'importe quel sinistre institut ou même dans certains centres de formation tout aussi mal famés était reconnue dans les administrations communales dans le cadre du renouvellement de la carte de séjour. A présent, tout laisse à penser que les autorités ont compris ce tour de passe-passe des étudiants étrangers et ont réduit considérablement le nombre d'établissements agréés en la matière. De l'avis de ceux qui prospectaient cette piste, les inscriptions encore valables étaient celles des établissements aux frais élevés. Il était évident que les objectifs des décideurs et des utilisateurs étaient diamétralement opposés : pour les premiers, les établissements en piste devaient offrir des programmes attractifs en rapport avec des problématiques de développement des pays pauvres. Pour les seconds en revanche, la qualité de l'enseignement était la dernière de leurs préoccupations. Ils cherchaient une inscription moins chère parce qu'ils iront le moins possible aux cours. Etre présents aux auditoires voulaient dire perdre des heures de prestations. On travaillait pour payer une inscription et on avait une inscription pour accéder au travail. C'était le cercle vertueux des connaisseurs.

- On m'a parlé des cours d'informatique dans la ville de Wavrier qui ne coûtent pas chers et qui passent encore au niveau des communes pour les papiers. Je vais t'envoyer l'adresse par sms ce soir.

- Merci, je crois que cela va m'aider.

Cécile avait payé l'addition et les deux amies s'étaient séparées en se promettant de s'appeler plus tard pour d'autres échanges d'informations.

C'est avec soulagement qu'Octavie regagna son appartement ce soir, ses pieds lui faisant de plus en plus mal. Elle enleva ses bottes, chaussa des pantoufles et ne se sentit pas mieux pour autant. Elle s'avança en claudiquant vers la salle de bain en déposant ici et là manteau, sac à main et autres fardes. Après un bon bain chaud, elle se sentit mieux. Même ses pieds avaient apprécié la chaleur de l'eau, tant et si bien que la douleur s'était presque estompée.

Comme elle prenait place devant son poste de télévision, la sonnerie du téléphone retentit. Le temps de fouiller dans le sac à main, puis dans les poches du manteau pour le retrouver, c'était déjà le signal annonçant le passage à la messagerie vocale. Elle finit par retrouver le petit appareil, regarda le numéro qui venait d'appeler et haussa les épaules. Ce n'est pas un appel du pays, tant mieux ! Se dit-elle en déposant le téléphone à portée de main, qui se remit à grésiller. Les appels venant du pays étaient toujours stressants : les parents vivant en Europe et les enfants au pays tressaillaient à la sonnerie du téléphone, les enfants qui avaient laissé presque toute la famille derrière eux n'étaient pas plus aguerris. Moins on recevait des appels du pays, mieux c'était. Moins on recevait des nouvelles, mieux on se portait. Au fil des années, on se forgeait une carapace qui limait, usait un peu plus chaque jour le cordon ombilical. On arrivait à ne plus appeler au pays en prétextant qu'« il ne fallait pas réveiller un serpent qui dort ». L'adage disant que pas de nouvelle, bonne nouvelle était suffisant.

- Allo ? S'enquit Octavie ayant fait coulisser le clapet du téléphone.

- Oui, allo ! Bonjour Octavie, c'est moi. C'est pour te rappeler le job que tu m'as promis. Comment allons-nous nous retrouver demain ? Je viens chez toi ou on se rencontre ailleurs ?

- Bonjour Cécile. Je ne l'ai pas oublié. C'est préférable que tu viennes directement ici. J'ai mal aux pieds, tu sais. Je ne peux pas rester longtemps debout à t'attendre quelque part si tu as du retard.

- Aïe, encore tes pieds. Ma voisine m'a dit qu'elle t'a aperçue l'autre jour, tu boitillais fort. C'est parce que tu jobes trop, repose-toi un peu. Continua Antoinette avec un petit rire.

- J'arrêterais volontiers ces travaux de damnés de la terre. Je ne suis pas la seule à en avoir des séquelles. Fais un petit tour d'horizon : un tel va te parler des douleurs dans le dos, un tel autre dans le cou, un tel autre encore va se plaindre des poignets et des doigts. Ça te fait rire ! Quelqu'un a dit de ne pas se moquer du crocodile quand on n'a pas encore traversé la rivière. Nous en reparlerons dans quelques années, tu as tout le temps de te moquer de nous. Si tu peux être ici demain à 10 heures, ce serait bien. Nous aurons tout le temps de nous y rendre. Le boulot commence à onze heures et dure quatre heures. Comme je te l'ai dit, nous devons être à l'heure. Ce Monsieur n'aime pas qu'on arrive en retard. IL paye bien, c'est l'essentiel. Tu connais les Blancs. Quand bien même c'est pour nettoyer les toilettes, ils sont rigoureux sur l'heure.

- Ne le prends pas mal, je ne me moque ni de toi, ni des autres. Je ne m'en sors pas mieux que vous. Avant de venir ici, je n'avais jamais fait la vaisselle chez moi. Penser seulement que je dois en vivre maintenant me rend déjà malade. Je te remercie encore de me céder ce job. Les temps sont durs pour moi. Les agences d'intérim ne m'ont pas appelée depuis quatre mois. Il faut absolument que j'envoie de l'argent au pays à la fin de ce mois, c'est le baptême de ma fille. Je ne parle même pas de la robe que je dois envoyer d'ici. Tu n'as pas encore déménagé comme tu me l'avais annoncé ? Tu es toujours à ton adresse compliquée là ?

- Oui, j'y suis encore pour le moment. C'est à mourir de rire chaque fois que je décris où j'habite. J'habite en face de la commune. A ma droite, il y a un service des pompes funèbres, la route qui part de là s'appelle la rue du paradis, elle monte et se termine devant l'église du village, qui se trouve en plein milieu d'un cimetière. Cette rue porte bien son nom, elle est fleurie en hiver comme en été. Au bout de celle-ci, c'est le commissariat de police et la seigneurie. Après un petit pâté de maisons tu te retrouves au point de départ, à gauche de chez moi ! Je suis bien entourée.

- Octavie imaginait Cécile pliée en deux en écoutant cette description. Chaque fois qu'elle décrivait son lieu de résidence, cela arrachait des fous rires aux interlocuteurs.

- Tu es entourée par des services auxquels on souhaiterait avoir à faire le moins possible : le funérarium, le cimetière, la commune, les forces de l'ordre, même le paradis, on n'en veut pas de sitôt. Ici, nous sommes tellement conditionnés par l'obtention de notre carte de séjour au point qu'il suffit de passer devant tous ces bureaux ou d'apercevoir un uniforme dans la rue pour déjà s'imaginer dans un centre fermé, prêt à être expulsé au pays.

- Tu as raison, imagine qu'à ce triste environnement, il faut ajouter la glottophobie de la population, hostile aux étrangers.

- Ah ! Même dans une petite agglomération comme ton coin là ? Les Blancs-là ne savent pas que c'est nous, les étrangers qui faisons tourner en partie leur économie maintenant ? Quand tu entres chez un vieux blanc, il a toujours son vieil écran télé des années je ne sais combien. Or, les smart phones, les I phones, les écrans de dernières générations, nous les achetons pour nous et surtout pour envoyer au pays. Nous achetons d'abord pour envoyer au pays, je dirais. Essaie d'envoyer un ancien téléphone, sorti il y a deux ans seulement au pays et tu me diras l'accueil qu'on lui a réservé.

- Oui, je sais, on va se moquer de toi. J'en ai fait l'expérience. Comme je te disais, la seule cérémonie où je suis gracieusement invitée ici, c'est celle d'enterrement ou de crémation. Là, j'ai toutes les invitations dans ma boîte aux lettres. Or, il y a des fêtes comme celle des voisins, à l'origine pour regrouper les voisins comme son nom l'indique, personne ne m'en parle.

- Je ne les condamne pas d'emblée, tu sais ! Nous devons apprendre à faire la part des choses. Ce n'est pas parce qu'on n'a pas été invité à une activité vicinale qu'on va crier au loup. Il y a des étrangers qui s'en sortent bien : ils ont un bon travail, ils épousent des Européens, les enfants réussissent leur scolarité. J'irai même plus loin ! Dans une certaine mesure, une moindre, j'en conviens, être « black » a des avantages. Dans les administrations, les supers marchés, bref les services, on fait un peu de coloriage de vitrine pour étaler son amour de la mixité : un black à la caisse, à l'accueil. Il faut être au bon endroit, au bon moment.

- Je partage ton avis, mais je ne le dis pas toujours. Pour nous qui sommes en Europe, nous avons un avantage sur eux les nationaux. En effet, nous avons notre propre pays qui est toujours une cartouche de réserve. Quand nous serons fatigués de tout ça, nous savons ce qui nous reste à faire.

- Oui, prendre nos affaires et retourner chez nous. En ce qui me concerne, c'est pour bientôt.

- Octavie, ne me fais pas rire, c'est ce que nous disons tous. Mais moi, dès que j'ai mes papiers définitifs, je rentre.

- Bien sûr, tu crois que tous ceux qui sont encore ici attendent quoi ? Si j'ai mes papiers aujourd'hui, je rentre demain.

- Si les Blancs savaient que nous sommes ici seulement pour leurs papiers, ils pourraient nous les distribuer et nous rentrerons chez nous, d'autant plus qu'ils ne veulent pas de nous ici.

- Ils le savent, ne t'en fais pas à ce sujet. J'ai une amie ivoirienne qui est retournée chez elle l'année dernière. Elle m'a dit il y a deux ans que, lorsqu'on l'a convoquée pour sa régularisation définitive, l'agent de l'administration qui l'a reçue lui a dit sans ambages que maintenant qu'elle était régularisée, c'était pour vivre ici et non pour retourner en Côte d'Ivoire.

- Ils sont bien informés sur nos pratiques.

- Les Blancs travaillent avec les statistiques, ils font parler les chiffres.

- Qu'à cela ne tienne. Nous aurons toujours une longueur d'avance sur eux. Le temps qu'ils comprennent une stratégie, nous sommes déjà passés à une nouvelle.

- Attention ! Il y a des informations qu'il ne faut pas donner par téléphone, surtout nos petits secrets. Ils peuvent aussi faire parler nos téléphones. On se voit demain ?

- Oui, je te souhaite une bonne soirée. A demain, 10 heures.

Après quelques heures de sommeil, Octavie sursauta. Elle venait d'être réveillée par le grésillement de son téléphone. Comme elle dormait peu et avait le sommeil léger, elle mit un laps de temps à retrouver ses esprits et à attraper le GSM qui bourdonnait encore, posé au même endroit tous les soirs avant le coucher, sur la table surplombant le chevet du lit.

- Allo ? S'enquit-elle

- Oui, Allo ? Je te réveille Octavie ? entendit-elle dans l'appareil qu'elle tenait collé à l'oreille d'une main tout en s'aidant de l'autre pour se relever et s'asseoir assez confortablement sur le lit. Comme elle ne tirait jamais les rideaux de la chambre, celle-ci était baignée le jour par les rayons du soleil et la nuit par la lumière des lampadaires environnants.

- Non ! Pas du tout, mentit-elle en reconnaissant la voix de son cousin Claude. Celui-ci était aussi un immigré, parti il y avait de cela une bonne vingtaine d'années. Il appelait des Etats Unis où le vent l'avait conduit. C'est quoi le sommeil ? Pensa Octavie qui était déjà tout à fait réveillée. Il pense à moi et c'est le plus important. Je dormirai plus tard. Elle continua dans le téléphone : « Hé, comment va l'Amérique ? »

- C'est trop grand les States, je ne peux te donner la température moyenne, ni la météo politique, sociale et encore moins financière. Comment vas-tu ? La dernière fois que nous nous sommes parlé, tu te plaignais des douleurs dans les genoux. Ça va mieux ? As-tu rencontré un médecin?

- Oui, j'en ai consulté un. Il m'a prescrit un antidouleur. Comme la posologie qu'il m'a recommandée n'apportait pas de soulagement, je l'ai augmentée d'une demi-dosette et maintenant ça va. Quand je les absorbe le matin, je fais mes travaux de forcenés toute la journée sans répit et sans me plaindre d'aucune douleur ici ou là. Seulement, le soir, je rampe sur le chemin du retour. Ce ne sont plus les genoux qui font mal, mais tout le corps. J'ai la nuit pour me reposer en attendant le lendemain pour reprendre mes médicaments. Autrement dit, tout va bien.

- Vu comme cela, tu es plus droguée que soignée ! Comment vont les autres projets ?

- Ah mon frère, je vais faire comment ? Cela me soulage pour le moment. Ce n'est pas le moment pour moi de recommencer un long processus de radio, scanner et autre traitement. Ma première hospitalisation m'a coûté très cher. Dix ans après, je n'en ai pas fini avec les traites mensuelles, même si elles sont minimes. Pour moi c'est de trop. De plus, je ne m'imagine pas arrêter le boulot, je n'ai pas d'autres rentrées d'argent en dehors de mon travail au black, d'où l'impossibilité de vivre sans. Tant que je peux me déplacer, je vais serrer les dents et avancer. Les projets sont au statu quo. Ici c'est la crise. Ce n'est pas seulement la crise financière. Les jeunes sont en crise d'adolescence, les parents font leur crise de la quarantaine ou cinquantaine ; ne parlons pas des papys, c'est la grosse crise du troisième âge avec ses peurs, ses inconnues. C'est toute la société qui est en crise.

- C'est un nouvel écosystème sociétal qui lentement et sûrement, se met en place. Il faudra de plus en plus en intégrer les mutations.

- En attendant, ce n'est pas facile. Nous qui jobons chez ces personnes âgées voyons comment elles sont perturbées quand elles prennent de l'âge. Le pire est quand elles sont abandonnées par leurs enfants et petits-enfants. Ce qui est inimaginable encore chez nous. Nous sommes souvent témoins de scènes difficiles à entendre et à supporter. Elles disent, et cela s'observe au fil des jours, comment elles ont aidé leurs progénitures : achat d'une maison ici, d'une voiture là-bas, la garde des petits-enfants qu'elles couvraient de cadeaux. Dès qu'elles ne sont plus capables de rendre ces services, c'est la maison de repos.

- Ne les condamnons pas encore, N'allons pas vite en besogne. Chez nous, les personnes âgées se comptent encore sur les doigts d'une main. Ce qui facilite leur entretien. Quand on est quelques-uns à s'en occuper, ce qui est encore le cas chez nous, on se relaie et la tournante est vite passée. C'est le stade des grandes théories chez nous: un vieux qui meurt c'est une bibliothèque qui brûle, etc. L'histoire en reparlera quand nous aurons deux, trois, quatre centenaires par famille avec comme circonstances aggravantes qu'il n'existe pas de structures d'accueil que les Blancs mettent en place chez eux.

- Tu nous prévois l'apocalypse ? Certains Blancs ne sont pas gentils. Il y a une femme blanche qui est allée faire le ménage chez une mamy blanche aussi.

Cette dernière lui parlait tellement de sa vie, de ses enfants qui ont réussi, de ses petits-enfants, de son chien, tant et si bien que la jobiste lui a répondu qu'elle n'était pas sa psychologue pour l'écouter, elle était là pour travailler. Or, quand c'est nous les blacks, nous les écoutons, nous les réconfortons et nous faisons notre boulot en même temps. Il y en a qui ne changerait pas leur jobiste black pour rien au monde.

- Qu'elles adoptent alors le jobiste black qui leur sert aussi de psychologue.

- Elles ne sont pas folles pour autant. Dis, comment vont Mireille et les enfants ?

- Tout le monde va bien ici pour le moment. As-tu des nouvelles du pays ?

- Je sais seulement que comme partout ailleurs, les plus riches s'enrichissent et les plus pauvres continuent de boire la tasse. C'est toi qui navigues dans les réseaux sociaux, qu'est-ce qu'on y raconte encore ?

- Dans la rubrique « divers », j'ai appris que notre village est prisé pour les mariages religieux. Les couples partent de je ne sais où pour aller se marier dans nos collines.

- Comment cela ? Il y a eu un tsunami qui a dévasté les églises du pays en n'épargnant que notre petite chapelle ?

- Un tsunami dans les têtes, hélas ! Il a tout balayé. Heureusement que le ridicule ne tue pas. On se marie religieusement chez nous pour faire plaisir à l'homme d'affaires qui a construit l'église.

- Les gens se créent inutilement des problèmes sur cette terre. Aller célébrer son mariage dans un milieu où on est étranger rime à quoi ? Ça sent la politique du ventre. J'imagine que les couples sont plus intéressés de faire plaisir à l'homme d'affaires et d'en attendre une enveloppe que par la bénédiction d'un prêtre de campagne qu'ils ne connaissent pas, qu'ils n'ont jamais rencontré et par conséquent qui fera une homélie superficielle.

- A chaque société, à chaque époque ses dérives. La nôtre souffrirait-elle entre autres maux de celle de la politique du ventre ?

- Tu es en train de me donner une bonne idée là, tu sais ! Dit Octavie en s'agitant de plus belle dans son lit.

- Dis-moi, quelle folle idée te passe encore par la tête ?

- Tu ne crois pas si bien dire. Tu sais que pour ceux qui sont à l'étranger comme nous, à un certain moment se pose le problème de rentrer au bercail.

- A qui le dis-tu ? Moi-même, j'aimerais bien retourner. Mais pour faire quoi ? Si je n'ai pas trouvé du travail au pays qui me convienne il y a vingt ans, ce n'est pas maintenant que cela sera possible. Il y a de plus en plus de jeunes loups aux dents longues, plein d'ambition sur le marché du travail. Nos connaissances sont déjà obsolètes. Soyons réalistes. Pour rentrer, il faut avoir les moyens de réaliser un bon projet. Lequel te permettra de vivre aujourd'hui et d'assurer tes lendemains qui ne seront pas les plus faciles.

- Tu prêches un converti. Vous les ricains êtes aussi en mode projet ? Ici, c'est la folie. Le projet est abordé dans toutes les déclinaisons. Il devient une obsession quand on n'a pas sa place ici, si tant est qu'on l'a eue un jour et qu'on croit qu'on serait encore mieux chez soi. Seulement, pour rentrer, il faut un projet. Sinon, à quoi nous auront servi toutes ces années d'exil à l'étranger ? Tu nous imagines rentrant sans un projet ? J'entends déjà les railleries d'ici. Je disais que j'ai une idée en rapport avec les mariages célébrés dans notre village. Et si on mettait sur place une organisation qui comprend salles de banquet, chambres d'hôtes, services traiteurs ? Avec une bonne campagne de marketing dans les villes et villages environnants dans un premier temps, nous pouvons attirer des couples riches pour la célébration de leurs noces religieuses et l'organisation de toute la cérémonie qui va avec, du champagne d'honneur après la messe au banquet le soir. Je crois que c'est un projet que nous pouvons développer. Tout le village en sera bénéficiaire, depuis les agriculteurs chez qui on achètera les vivres jusqu'aux jeunes villageois qu'on recrutera pour les gros travaux. Qu'en penses-tu ?

- Très évanescent comme projet. Tu sais bien que nous ne pouvons pas avoir les moyens pour une telle folie. Toutefois, continuons de réfléchir pour un projet à notre portée, surtout financièrement. Nous devons insister sur l'originalité. Quelque chose dont les résultats sont immédiats. Un projet accessible tant sur le plan de sa faisabilité que de ses investissements. Il ne faut pas toujours que ce soit extravagant, ou un verbatim compliqué de quelque chose qui a fonctionné ailleurs. Sur un tout autre registre, j'ai appris qu'il y a eu une distribution de titre de notabilité au village par le chef.

- C'est vrai, interrompit Octavie. J'ai oublié de t'en parler plus tôt. Tu n'en as pas demandé un ?

- A ce niveau-là, je crois qu'il faut plus que demander. Ces titres nobiliaires s'achètent d'une façon ou d'une autre. J'en ai un, celui que m'a attribué mon père et cela me suffit pour le moment.

- Comme tu le dis, « pour le moment ». Il s'agit de titre donné par ton père, donc, ton influence est limitée à la famille. Les titres de notabilité donnés par le chef aujourd'hui auront toute leur importance quand nous serons tous retraités et rentrés au village et c'est pour bientôt. La nouvelle guerre des égos se jouera avec le retour des retraités que nous serons au village : ce sera à qui a le titre de notabilité le plus élevé ! Qui est le bras droit du chef ! Etc… Pour nous qui sommes à l'étranger, l'intégration sera encore plus difficile, tu sais ! Si tu n'acquiers pas un bon titre nobiliaire aujourd'hui, dans les futures assemblées villageoises, je vois déjà ta place loin derrière, au fond de la salle. Ce sera aussi pour ceux qui sont restés au pays une façon de nous faire payer nos années de « belle vie » à l'étranger. Pour moi, c'est passable ; je crois que je n'en ai pas besoin. Mais toi, en tant qu'homme, c'est différent. Tu en auras besoin et c'est le moment de t'en procurer un. Ce n'est pas à toi que je vais rappeler que la civilisation négro-africaine en général et bamiléké en particulier a institué les titres de notabilité qui sont attribués pour immortaliser le mérite d'un citoyen ou d'un digne fils de la communauté. Si tu as oublié, écoute-moi bien : Il existe deux catégories de titres : ceux attribués au sein de la famille et les titres qui relèvent de la compétence, de la discrétion du chef du village et qui sont les plus convoités par les assoiffés de pouvoir que sont devenus les hommes en quête de domination. Autant les titres familiaux « SA'A » pour un valeureux fils et « MBEU » pour un digne fils avec vocation à commander sont attribués dans le cadre purement familial et en présence des membres de ladite famille, autant les titres attribués par le chef du village sont matérialisés sur la place du village en présence non seulement des villageois, des corps constitués du bercail, mais aussi en présence des chefs des villages amis comme témoins oculaires de l'évènement, par ailleurs facteur de rehaussement de l'éclat des cérémonies. Cette présence des chefs facilite la reconnaissance du titre hors du village. Toutefois, le titre d'attribut qu'un notable arbore détermine sa place sur l'échelle sociale. Si le chef te gratifie par exemple du titre de « Kueti », tu ne bénéficies pas de la même aura que celui qui a été sacré « Defo » ; le premier étant un adjoint pendant que le second est un chevalier du mérite de la valeur. La plus grande distinction qu'un villageois peut acquérir sur l'échelle de valeur sociale est « Fou » sans jeu de mot. Le « Fou » est le grand officier ou commandeur, qui veut aussi dire chef.

La longue conversation téléphonique avec son cousin s'était brusquement interrompue ce jour sur ce cours d'anthropologie du développement, personne n'avait rappelé en pensant certainement la même chose de part et d'autre de l'Atlantique : « ce sont les caprices du réseau, on continuera plus tard »

Ce jour-là, l'après-midi était sous le signe de la gaieté et de la légèreté. Il y avait au programme une soutenance de thèse publique dans la communauté africaine. Pour être publique, c'était le cas de le dire. Les invitations se faisaient de bouche à oreille : parent proche ou éloigné, membre de la communauté ou pas, sympathisant tout court, tout le monde était le bienvenu.

Dans ce monde où on était étudiant sur le papier, où on travaillait plus avec sa colonne vertébrale que ses neurones, c'était un doux refuge que d'assister à la soutenance d'une thèse doctorale. C'est avec plaisir qu'on écoutait et se laissait emporter par l'exposé qui se déroulait sur l'estrade, les arguments recherchés, défilant sur grand écran, le tout accompagné des remarques du panel de scientifiques en la matière que formait le jury.

Assister à la défense d'une thèse publique était aussi l'occasion de tronquer ses tenues sombres de jobiste pour de belles tenues de ville. Si les hommes se contentaient de jean et de chemise, les femmes mettaient leur dernière robe et n'avaient pas oublié d'aller chez le coiffeur et pédicure la veille.

Arrivée en retard, Octavie était entrée dans la salle par une porte latérale et s'était glissée le plus calmement possible au fond de la pièce où elle avait pris place au milieu de ses compatriotes. Aujourd'hui, sa communauté n'étant pas à l'honneur, il était juste de laisser les premiers bancs à la grande famille du doctorant : A tout seigneur, tout honneur ! Comme qui dirait.

- Bonjour, murmura-t-elle à son voisin qui se déplaça d'un siège pour lui céder une place.

- Bonjour Octavie, as-tu vu Blaise ? Entendit-elle souffler dans son cou

- Non ! Répondit-elle sur le même ton. Peut-être qu'il est occupé à donner un coup de main pour la préparation du cocktail. C'est son ami qui soutient aujourd'hui.

- Oui, nous attendons son tour. Ce jour-là, nous serons assis aux premières loges.

- Chutttt ! Intima une voix non loin d'eux. Après un léger remue-ménage suscité par cette manière peu courtoise de réclamer le silence, le calme se fit.

Blaise, que notre communauté attendait aussi la soutenance ne s'était pas montré tout au long de la présentation du travail de son ami. Au moment du verre (euphémisme à la vue de toutes ces tables chargées à s'écrouler de plateaux et de marmites fumantes d'un côté et de l'autre de boissons de toutes sortes) offert par le candidat, Octavie et ses compatriotes s'étaient réunis dans un coin du hall pour observer et faire des commentaires tantôt déplaisants, tantôt bienveillants sur l'ambiance euphorique de la communauté du candidat devenu docteur, sur les séances photos avec les professeurs qu'on ne reverra sans doute plus, les tenues d'apparat des dames et des jeunes filles.

- Tu penses que maintenant qu'il est docteur, il va rentrer dans son pays ? Demanda quelqu'un.

- Oui, je crois bien, répondit quelqu'un d'autre. Ils sont bien. Il paraît que chez eux, les intellectuels et a fortiori les docteurs ne chôment pas. Ils sont recrutés dans la fonction publique comme enseignants d'universités ou par des organisations internationales. Ce n'est pas comme chez nous au pays.

- C'est la loi de l'offre et de la demande.

- Tu as raison, renchérit une autre voix. En matière d'intellos, nous n'avons rien à envier au reste de l'Afrique.

- Pas seulement l'Afrique, même en Europe, j'en suis convaincu. Regarde ici au tour de nous en Belgique. Dès qu'un enfant termine ce qu'ils appellent CESS, l'équivalent du baccalauréat chez nous, malheur à lui si ses parents ne sont pas riches ou intellectuellement calés ! Il est orienté vers des petites formations de quelques années avec à la clé certes un boulot, mais un petit salaire toute sa vie. Or chez nous, à voir les effectifs pléthoriques dans les auditoires universitaires, on croirait que c'est avec le Baccalauréat que la scolarité débute.

- Oui, chez nous, l'école est une religion. Si on mettait nos enfants du pays dans les conditions d'études que nous voyons ici : professeurs à disposition de l'étudiant, bibliothèques et ordinateurs à volonté, je crois que Harvard aux Etats Unis et l'Ecole Supérieure d'Electricité en France seraient pleines de camerounais.

- Même avec les conditions difficiles que nous connaissons, nous n'en sommes pas loin. J'étais au pays pendant le dernier recensement de population. Un jour, sur la place du marché, je capte malgré moi une conversation entre deux personnes, une disait : « dans les recensements ailleurs, on compte les habitants au kilomètre carré ; ici chez nous, le recensement se fait en nombre de doctorants et docteurs au kilomètre carré »

- Ce qui n'est pas faux. Et les filles ne sont pas en reste ; quand tu vas au village maintenant, toutes les petites filles que tu voyais jouer pieds nus au pousse-pion, aux poupées en chiffon, sont à l'université.

Octavie se sentit agrippée au bras gauche et entraînée vers l'extérieur ; elle se laissa aller ayant reconnu Blaise qui avait aussi saisi de l'autre main David. Avant que le trio ne disparaisse par l'encoignure d'une des multiples portes desservant le hall où les convives se dirigeaient vers les tables. Il fut rejoint pas Reine, la sœur de Blaise. Blaise et Reine étaient du même village, et comme c'était toujours compliqué d'expliquer aux Blancs les liens de parenté, le plus simple était de dire qu'ils sont frère et sœur. Et puis, on était tous frères et sœurs quand on se retrouvait en Europe.

- Qu'y a-t-il ? Demanda Reine de sa voix forte. Elle s'était empressée derrière eux et refermait la porte. Blaise, tu viens d'arriver ? Nous t'avons cherché partout. Tu n'as pas participé à l'organisation de la soutenance de ton ami ?

- L'interpelé ignora le flot de questions, de même que celle qui les lui posait. Tournant la tête à gauche et à droite vers ceux qu'il tenait toujours par les avant-bras, il annonça d'un ton chargé d'émotion :

- Savez-vous ce que Marie-Claire vient de me dire ?

- J'espère qu'elle ne t'a pas annoncé la fin du monde, dit David ? Parce que vu la tête que tu as, cela doit être très sérieux.

- Elle m'a dit en me narguant qu'elle a changé de statut, qu'elle vient d'obtenir sa carte de séjour de cinq ans.

- Octavie et David se regardèrent en même temps avec un petit sourire en coin. Ils étaient certains que la même idée leur avait traversé l'esprit.

- C'est tout l'effet que cela vous fait ? enchaîna Blaise qui tentait de décrypter le visage de ses amis.

- Je suis contente pour elle, finit par dire Octavie ; et pour toi aussi. Comme c'est ta fiancée, je déduis que l'étape suivante est votre mariage afin que tu bénéficies aussi des avantages de la carte de cinq ans.

- Leur mariage ? S'enquit David perplexe et plein d'empathie comme à son habitude. Tu penses franchement prendre pour femme cette Marie-Claire ? Une fille qui te couvre de honte en allant s'installer chez un Blanc ? Je t'ai mis en garde dès que tu as commencé à te plaindre de ses écarts de comportement. Je ne sais pas si c'est par cupidité que tu t'accroches à cette relation contre nature ou par pure innocence. Aujourd'hui, tu es engagé financièrement, émotionnellement et j'en passe.

- Que se passe-t-il ? S'enquit Reine qui avait suivi la conversation. Blaise a un souci ?

- Non, non. Coupa celui-ci.

- Comment cela, non ! Tu as un grave problème avec Marie-Claire, informe ta cousine. S'il t'arrive un souci ici, c'est d'abord à elle que la famille va réclamer les explications.

- Il n'y a rien de grave, répondit Blaise avec un ton où on sentait le doute. Je sais que votre mot d'ordre c'est haro contre Marie-Claire. Elle n'a tué personne, il y en a qui font pire. Elle m'a assuré qu'elle s'est installée chez le Blanc seulement pour avoir les « papiers » et qu'il n'y a rien entre eux. Maintenant qu'elle les a obtenus, elle va mettre fin à cette relation que vous jugez gratuitement de toxique.

- Holà ! Arrête, intervint David que Blaise avait réussi à énerver. Nous te plaignons par rapport à ce que tu nous racontes sur votre relation. Nous ne connaissions pas Marie-Claire jusqu'à ce que tu nous la présentes comme ta fiancée. Elle est libre de faire ce qu'elle veut, cela nous indiffère. A partir du moment où cela t'affecte, nous nous sentons concernés.

- Ta femme a deux maris ou deux fiancés, Blaise. Toi, tu es là pour l'aider à écrire son mémoire, et le Blanc pour lui donner les papiers. Cette fille aux mœurs douteuses nous éclabousse aussi dans la communauté. Nous qui sommes proches de toi, nous sommes régulièrement interpelés par les autres, on nous accuse même de ne pas te donner les conseils nécessaires.

- Hé, Intervint Reine. Cette histoire de fille avec deux maris est la tienne, Blaise? Tu partages Marie-Claire avec un vieux Blanc ?

- Je ne veux pas être un obstacle pour la réalisation de ses projets, soliloqua Blaise timidement comme s'adressant à lui-même. Il n'est pas vieux, c'est un jeune.

- Jeune ou pas, qu'est-ce que cela change ? L'histoire demeure écœurante. Tu es tombé très bas, Blaise. Aujourd'hui, tu acceptes que ta fiancée fasse n'importe quoi pour les papiers ; demain, quand elle aura besoin d'un immeuble, d'une voiture, comment cela va se passer ? Qui a dit que la fin justifiait les moyens ?

- Non, la faim avec A I M explosa Reine. Mon Dieu, la réalité a dépassé la fiction. Blaise, cette fille t'a ensorcelé ? Ton rival connaît ton existence ? Les Blancs ne rigolent pas, je te promets. Le jour où il va tirer sur toi ici, c'est ta famille qui va perdre ; lui, il ne va même pas faire un jour de réclusion, ils sont chez eux. Ce ne sera qu'un « black » en moins.

- C'est vrai, dit Octavie. Reine est dans la caricature, mais ce n'est pas faux. On m'a parlé d'un Blanc qui a tiré sur sa femme black et le fils de celle-ci. Il n'a même pas passé la nuit au commissariat.

- Ne dramatisez pas ainsi, dit Blaise pour tenter de contrôler la situation. Elle m'a dit qu'il n'y a rien entre eux et que ce monsieur est très gentil. Il lui a même promis de mettre son nom dans la liste de ses héritiers testamentaires.

- De la même façon, elle dit à ce monsieur qu'il n'y a rien entre elle et toi et que tu es très gentil. Aie le courage d'assumer tes faiblesses. Les bruits courent qu'elle t'a présenté son mari blanc et que vous avez même pris un verre tous les trois. Conclusion : vous avez signé un pacte de non-agression. Les frasques de votre couple, si tant est que c'en est un, animent les conversations ici le matin, le midi et le soir. Vous n'êtes pas gênés d'animer toujours l'actualité ? Chaque jour, il y a un nouvel épisode, Peut-être s'achemine-t-on vers l'épilogue ? Veillez à ce qu'il n'y ait pas mort d'homme.

- Blaise ! Apostropha Reine, les yeux pleins de rage. Tu me déçois. As-tu vraiment besoin de ça pour réussir ? Depuis que tu as rencontré cette fille, tu n'es plus le même. Il me revient régulièrement les plaintes de ta famille au pays. Personne ne te comprend plus. Tu as perdu la tête. Cette fille t'a ensorcelé. Tu dois retourner au village pour être lavé du charme que cette fille t'a lancé.

- C'est vrai, on doit le laver au village. Ce n'est pas simple, et le pire est qu'il n'en est pas conscient. La prochaine fois que l'un de nous va au pays, il doit aller demander à la famille de Blaise de faire les rites traditionnels pour qu'il soit purifié à distance.

- Arrêtez vos calomnies, dit Blaise sur un ton accusateur. Je ne vous parle pas de mes problèmes pour que vous en fassiez un journal. Je vous ai dit que je ne veux pas être un obstacle pour la réalisation de ses objectifs. Marie-Claire m'a dit que ce Monsieur a signé une prise en charge pour que sa mère vienne se soigner ici ; je crois qu'il est aussi en voie d'adopter un de ses petits cousins. C'est tout bénéfice pour elle.

- Et toi, dans tout ça, mon frère ? Dit Reine en tapant dans ses mains.

- Je vais féliciter mon ami, dit Blaise pour mettre un terme à ce sujet embarrassant ; il disparut dans la foule des invités qui donnaient libre court à leur appétit.

ET SI L'EUROPE ÉTAIT UN PIEGE ?

- Nous sommes à l'heure ! Lança Octavie en sonnant chez Monsieur Bolan. Après le déclic annonçant l'ouverture automatique des serrures, elle tira sur la lourde porte vitrée de l'immeuble, se mit sur le côté pour céder passage à Cécile avec qui elle devait travailler ce jour. Elle avait décidé de lui céder ce boulot. Je vais te donner quelques conseils et outils, tu les adapteras en cas de besoin, continua-t-elle en se dirigeant vers la cage d'ascenseur.

Monsieur Bolan avait déjà entrouvert la porte de son appartement, comme d'habitude. Les deux amies s'engouffrèrent dans le vestibule.

- C'est ici, dit Octavie dans un sourire pour encourager Cécile qui semblait un peu intimidée. Accroche ton manteau là et déchausse-toi, continua-t-elle en se courbant pour joindre le geste à la parole. On travaille pieds nus chez Monsieur Bolan. Je l'ai compris le premier jour. Il faut jouer le jeu, cela lui donne l'impression d'être toujours le colon qu'il a été dans une autre vie en Afrique et cela m'indiffère au plus haut point. Je fais le job, il me donne mes sous : contrat gagnant-gagnant.

Sans se préoccuper des états d'âme de son amie, elle entrouvrit la porte du séjour et lança « bonjour Monsieur, je suis venue avec Cécile comme convenu » à l'endroit du vieil homme qui ne répondit pas, comme d'habitude. Il était plus recroquevillé qu'assis dans un fauteuil électrique. Elle ne se donnait plus la peine d'insister sur les formules de politesse. Comprenait-il ? Ne comprenait-il pas ? Elle ne saurait le dire, Jamais il n'avait répondu à sa salutation, il se contentait de lever vers elle un regard indifférent derrière ses épais binocles. Il tripotait dans ses mains fripées plusieurs télécommandes et passait au gré de ses humeurs à la télévision, à la radio et autres appareils enregistreurs.

- Ne t'inquiète pas, il sait que nous sommes là, rassura Octavie en refermant le battant de la porte du séjour.

- Mais ! Hésita Cécile avant de s'accroupir à son tour pour enlever ses bottes. Quand elle leva la tête, Octavie lui faisait signe de la suivre. Elle était déjà à l'autre bout du hall d'entrée devant le local réservé aux matériaux d'entretien et tenait dans chaque main un seau dans l'un desquels on pouvait apercevoir les bouchons de différents détergents.

- Monsieur Bolan ne donne pas de petit déjeuner ? Risqua Cécile en se redressant. Elle n'avait pas encore défait ses lacets.

- Pardon ? Répondit Octavie en se retournant d'un trait pour faire face à l'incrédule. Tu te crois où ? Ensuite ce sera une petite sieste peut-être ?

- Non, je pose seulement la question. La mamie chez qui je *jobe* les mardis me donne un bon petit déjeuner. Quand j'arrive le matin, elle a déjà tout préparé sur la table : pain, café, beurre, confiture, tout.

Ici, ce n'est pas un hôtel. Tu n'as droit à rien. Tu peux prendre un verre d'eau au robinet si tu as soif. Et puis, je n'en voudrais certainement pas, de ce petit déjeuner. Qu'il te l'offre ou pas, le résultat est le même pour moi ; ce sont des esclavagistes. J'évite une certaine familiarité avec les personnes chez qui je travaille. Je préfère l'attitude de Monsieur Bolan. Je travaille, il me donne mes sous. Les pains, café et tout le reste sont considérés comme des actes de charité, l'aumône à une négresse qui mourrait de faim. Je n'exagère pas ! C'est Monsieur Bolan lui-même qui me l'a fait comprendre. Un jour dans ses délires excentriques, il me dit que donner une banane à un africain c'est déjà un repas. Quand tu entends de telles paroles, si tu as encore envie de manger, je t'envie ; moi, cela me coupe d'appétit. Allez viens ! Commençons par les toilettes, ensuite les chambres et la cuisine à la fin. Monsieur va sortir dans environ deux heures, à ce moment, nous ferons le séjour et la terrasse. Quand tout sera fini, je te montrerai le local poubelle. Tu vas me regarder travailler. Si nous nous y mettons à deux, nous aurons vite fait de terminer. Comme les Blancs payent à l'heure, nous devons rester ici les quatre heures du contrat, conclut Octavie en astiquant les lavabos dans la salle de bain.

Après un peu plus de deux heures, comme les deux amies étaient occupées dans une chambre, Octavie chuchota : « il arrive », avant de saisir avec une rapidité déconcertante le petit aspirateur qu'elle avait au passage pris soin de déposer au pied de la table de chevet et en un éclair, elle enleva tous les draps du lit qu'elle lança en direction de Cécile qui les attrapa au vol en comprenant le message. Pendant qu'elle sortait délicatement les oreillers de leurs taies, Octavie aspirait avec beaucoup de concentration le matelas et le retournait dans tous les sens. L'instant d'après, Monsieur Bolan s'arrêta devant la porte de la chambre. Il prit des nouvelles d'Octavie, de Cécile qui sera sa future *jobiste*, et leur dit qu'il allait manger dans un des restaurants de la place et faire un tour avant de rentrer. C'était son trajet quotidien.

- Il est ainsi, expliqua Octavie : quand tu lui dis bonjour à ton arrivée, il ne répond pas. C'est à son temps voulu qu'il te salue et échange quelques mots. Maintenant qu'il est sorti, nous allons nous reposer. Allons dans la cuisine. Là, elle s'assit sur un tabouret et désigna du doigt celui en face d'elle, où son amie se laissa choir, et continua :

- Il faut travailler lentement pour faire le maximum d'heures possibles. Souvent même je révise mes cours ici. Je peux faire tout le travail en deux heures, mais comme on est payé à l'heure, j'en mets quatre comme conclu. Toutefois, le travail est bien fait, je dirai même très bien fait. Il faut être irréprochable sur ce point. L'essentiel c'est de travailler lentement et bien. Quand une secrétaire au bureau termine de ranger son parapheur dans la matinée, est-ce que c'est pour autant qu'on va lui demander d'aller casser les pierres l'après-midi pour remplir son quota horaire journalier ? Ou est ce qu'on va diminuer son salaire à la fin du mois parce qu'elle a fait huit heure au travail et pas huit heures de travail ?

- Tu as raison. Pour les cours, c'est le cas de plusieurs *jobistes* de faire leurs révisions au boulot quand ils sont seuls. La mamie chez qui je travaille comme je t'ai dit ne sort jamais quand je suis là. Elle est toujours derrière moi, cela m'exaspère parfois.

- J'ai également eu une mamie dans le genre. Elle me suit dans toute la maison. C'est bien ce que je te disais. Ta dame t'offre le café et surveille tous tes mouvements. Où sont le respect et la confiance ? De là à s'imaginer que tu peux la voler, il y a un pas vite franchi.

- C'est le cas ! Ma mamie fouille les poubelles après mon départ. Une fois, elle m'a fait la remarque que j'avais mangé ses raisins parce qu'elle avait trouvé après mon départ les pépins dans la poubelle. Maintenant, je continue de manger ses raisins, mais je mets les pépins dans ma poche.

- Elle n'y voit que du feu. Ces Blancs-là nous prennent pour des imbéciles.

- Après avoir récupéré du maigre effort qu'elle avait fourni, Octavie se remit au travail tout en continuant de donner des explications.

- Ne lave jamais les brosses avec lesquelles il asperge son visage de mousse à raser aussi sales qu'elles puissent te paraître. Je l'ai fait une fois, croyant bien faire. Il n'a pas apprécié et m'a fait tout un cours sur comment la mousse doit rester sur la brosse. Je n'ai rien compris mais j'ai retenu que je ne devais plus rincer ses brosses.

- Moi aussi, j'avais laver une théière chez un couple et le Monsieur a failli faire une crise quand il a vu la théière toute propre. Je te promets, il est devenu tout rouge. Il a plus crié que parlé qu'en lavant la théière, j'avais enlevé toutes les effluves olfactifs qui s'y déposent tout au long des cuissons successives. Tout comme toi, je voulais faire plaisir en astiquant ce bol qui était sale pour moi.

- Les Blancs et leurs principes de fous. Je termine et nous descendrons pour que je te montre le local réservé aux poubelles. Quand Monsieur Bolan laisse les sous comme aujourd'hui sur la table, saches qu'ils sont à toi, il avait le compte juste. Tu termines ton boulot et tu rentres sans oublier de glisser la clé dans la boîte aux lettres. Si non, tu l'attends. Si à son retour tu as fait plus de quatre heures, tu comptabilises tout le temps d'attente et il paye.

- Si tous les rêveurs du pays imaginaient un seul instant comment la grande partie des blacks gagnent leur vie en Europe, je crois qu'ils réfléchiraient par deux fois avant de se lancer à la recherche des visas ou d'aller mourir dans les océans, dit Cécile sur le chemin du retour.

- Tu crois ? Chacun pense qu'il sera l'exception, que ceux qui l'ont précédé ne sont pas suffisamment intelligents, raison pour laquelle ils font les ménages et les cueillettes au lieu d'aller travailler dans des bureaux chauffés. Quand on arrive ici, on est vite rattrapé par la réalité et bonjour le désenchantement, fini l'image d'Epinal. C'est trop tard pour rebrousser chemin.

- Pour ma part, je crois que nos gouvernements devraient gérer les affaires pour que la jeunesse n'ait pas à se projeter dans un avenir meilleur à l'étranger. Quand les paradigmes de la réussite changent et que les questions primaires, existentielles ne trouvent pas de réponses sur place, l'engrenage est déclenché, il n'y a plus d'alternative qui vaille, il faut partir.

- Prends ! Dit Octavie en tendant à son amie un billet qui correspondait à la moitié de la somme qu'elle avait reçue de Monsieur Bolan. J'ai cours cet après-midi, mais je ne suis pas sûre d'y aller, j'ai mal aux genoux.

- Merci, répondit Cécile en fourrant le billet dans son sac à main. J'ai fait un étalement de mes cours sur quatre ans au lieu de deux normalement. Pour moi, c'est no stress de ce côté. Il me faut seulement *jober* un maximum. En tout cas prends soin de tes genoux. A peine avait-elle fini sa phrase que la sonnerie de son GSM retentit. « Allo ? » Après un temps où elle suivait son interlocuteur, ses yeux s'égayèrent quand elle répondit : « oui, je suis disponible, je serai là. A tout à l'heure. Merci ». En rangeant son téléphone, elle fit un grand sourire à Octavie et commenta l'appel qu'elle venait de recevoir :

- C'est l'agence d'intérim. Elle me propose un *job* ce soir de 18 heures à minuit dans un *fast food.* On y paye bien. J'ai bien sûr dit que je suis disponible, le cours d'aujourd'hui est du coup compromis. Je vais rentrer me reposer ; ne connaissant pas bien le lieu, je dois partir suffisamment tôt pour ne pas être en retard.

- Oui, le travail de nuit paye bien, souvent même le double de l'heure de jour. Piètre consolation, mais qui vaut son pesant d'or.

Arrivées en face de l'immeuble où habitait Octavie, les deux amies se séparèrent en se promettant de s'appeler bientôt pour d'autres échanges d'informations. Ce jour-là, Octavie avait promis passer l'après-midi chez Antoinette. Elles ne s'étaient pas vues depuis un bon moment. Dès qu'elle sonna chez son amie, la porte du hall s'entrouvrit comme si celle-ci s'était postée devant l'interphone pour l'attendre.

- Tiens ! Dit Octavie en tendant à son amie un petit rosier avec de nombreuses feuilles et quelques boutons.

- Hum ! Merci. Mais tu n'aurais pas dû. Viens ! Prends place. Je termine la cuisine, j'espère que tu vas aimer. C'est sauce gombo-semoule de blé.

- C'est mon plat préféré. Depuis que je suis en Europe, c'est rare d'en manger. Entre les *jobs*, les auditoires des universités pour les cours, la recherche des *caolos*, qui a encore le temps de faire un tel plat ? Nos recettes sont si chronophages. Ici, c'est pâtes - sauce bolognaise ; poulet - pomme de terre toute l'année.

- C'est vrai, mais cet après-midi étant à nous, je n'allais pas te recevoir avec les pâtes. On mange d'abord, c'est prêt, renchérit Antoinette en terminant d'emballer la dernière boule de semoule dans du papier aluminium en l'absence de jeunes feuilles de bananier qu'on utilisait en Afrique.

- Je meurs de faim. Je me sers en même temps que toi. Non, non, je me lave les mains et je mange avec les doigts, continua Octavie en refusant le couvert que lui tendait son hôte.

Après avoir avalé en silence quelques bouchées de couscous, Antoinette leva les yeux de son assiette et dit :

- Ma sœur, je *jobe* chez un vieux Blanc maintenant. Il a environ nonante ans et me demande de l'épouser. Il est veuf et vit seul. Ses enfants ont grandi et sont partis du nid familial.

- Je trouve cela curieux. Tu le dis comme si c'était la chose la plus évidente qui soit. Il veut se remarier à nonante ans ? Je crois qu'il a plus besoin de papy sitting que d'une femme. Que peut-il faire avec une femme à cet âge ?

- A t'entendre parler, on dirait que tu as de l'expérience.

- Ce n'est pas un cas isolé. Aujourd'hui, l'actualité regorge de telles aventures. L'année dernière, notre communauté était bouleversée par une chronique similaire. Il s'agissait d'une jeune compatriote à qui un nonagénaire a fait les mêmes avances de demande en mariage. La jeune fille étant venue « se chercher » en Europe comme on dit chez nous, elle n'a pas hésité une seconde et a accepté la demande en mariage du papy ; pure comédie. Avant que les enfants du Monsieur ne réagissent, celui-ci avait vidé ses comptes bancaires, contracté des dettes pour satisfaire le consumérisme débordant et dévorant de sa future jeune épouse. Le forfait accompli, la jeunette a disparu dans la nature avec sa petite fortune.

- On dirait qu'ils sont plusieurs à se faire prendre dans ce piège. Ce papy m'a dit qu'il a fait la connaissance d'une camerounaise dans internet il y a quelques années. Elle a endormi sa méfiance en lui promettant de l'épouser. Elle l'a complètement dépouillé au point qu'il a eu recours à ses enfants pour se nourrir. Il a vidé ses économies en banque pour elle ; lui a remis tous les bijoux de sa femme décédée, la fine vaisselle, les objets de décoration, tout y est passé. Depuis lors, il n'a plus des nouvelles de la garce, elle 'est volatilisée. Il ne peut même pas la retrouver, tout ce qu'elle a laissé étaient des faux : faux noms, faux numéro de téléphone, fausse adresse, etc. Quand je lui ai dit que je suis camerounaise, il s'est montré méfiant les premiers jours. J'ai réussi à gagner sa confiance et il m'a dit de ne pas révéler à ses enfants mes origines. Les comportements comme ceux de ces filles ne nous font pas honneur.

- Nous ne pouvons pas laisser généraliser une telle mauvaise publicité. Cette gangrène est liée à l'évolution des sociétés occidentales. Les personnes âgées sont seules, elles refusent en même temps de vieillir. Il faut toujours les appeler par leur prénom, entretenir en eux l'idée que malgré le poids de l'âge, rien n'a changé. Quelle utopie.

- Oui, les Blancs, tant les femmes que les hommes refusent de vieillir. Il faut toujours les appeler par leur prénom.

- Attention ! Il y en a pour qui c'est « Monsieur » ou « Madame ». Ce qu'il faut éviter, c'est de les appeler « papy » ou « mami ». Une fois, j'ai appelé une dame de nonante trois ans « mami » ! Elle s'est bien fâchée et j'ai retenu la leçon : pas de familiarité. C'est désormais « bonjour Monsieur » ou « bonjour Madame ». Revenons à ton « papy ». Il s'est refait une bonne santé financière depuis sa malheureuse aventure avec notre compatriote ?

- Il s'en remet. Il dit qu'il n'a eu que des aventures fâcheuses jusqu'à présent avec les femmes qu'il a rencontrées ; c'est toujours beaucoup de promesses de leur part et très peu de réalisations. La camerounaise faisait partie d'une liste assez conséquente. Il a eu une histoire avec une Brésilienne, une Polonaise, une Marocaine, une Française, une Algérienne qui se sont soldées de la même manière : Echec et mat.

- Pardon ? Quel homme protéiforme dans ses conquêtes. Il a fait tous les continents, il est l'incarnation même de la mondialisation. Pourquoi garde-t-il seulement de la camerounaise un mauvais souvenir ?

- Je n'en sais rien. Ce que je sais, c'est qu'il dit qu'il veut une femme et que si nous nous marions, sa pension augmentera de cinq cents euros par mois, somme qu'il me remettra d'office. De plus en venant habiter avec lui, je n'aurai plus de loyer à payer.

- A nonante ans, une femme ? Il veut mourir ? Aide-le à trouver une corde dans son garage, ce serait plus simple. Je crois qu'il nourrit des fantasmes qui frisent la folie et la femme africaine en fait partie. Il est malade. S'il te plaît demande à ses enfants de faire soigner leur père. Et toi, quelle est ta position ?

- Le papy est encore paumé, du moins, peu ou prou. Les femmes successivement ont tout pris. Heureusement pour lui qu'il a un moral en acier. Il dit que cela va aller mieux quand il aura remboursé les crédits qu'il a contractés pour satisfaire ses dulcinées. Il lui reste quand même une voiture. Il en avait deux, une est partie chez une femme comme les comptes bancaires. Je vais lui demander de mettre la voiture qui lui reste en mon nom. Je vais entretenir son esprit loufoque pendant quelque temps. Dès qu'il sera bien en confiance, je vais lui demander de vendre sa maison pour que nous allions vivre quelque part au soleil. Quand on fait une promesse à ces papys, ils le prennent au premier degré.

- Ses enfants vont te tuer.

- C'est trop tard. Leur père est ruiné, il n'a plus rien. Où étaient-ils quand il a commencé à chercher les jeunes filles dans internet ? Avant qu'il ne se lance dans ses mésaventures, il avait plus de cent mille euros dans ses comptes. Aujourd'hui, il est endetté et ses enfants sont obligé de l'aider pour se nourrir. Pour une personne qui avait les moyens, il faut le faire.

- Ses enfants vont le placer dans une Seigneurie.

- Il ne veut pas en entendre parler.

- Je peux le comprendre. Il faut dire que leur Seigneurie là, c'est assez déprimant. Voir tous ces vieux entre eux ! Que Dieu nous en préserve.

- Nous rentrerons vieillir chez nous, entourés des nôtres.

- Non, vieillir ici ou chez nous, c'est pareil : on est diminué, on est un fardeau pour les autres. Je ne souhaite pas en arriver là. Ce monde n'a pas été bien fait. L'humanité ne devrait pas se dégrader de la sorte. Je vais même plus loin en pensant que les enfants ne devraient pas grandir. C'est si beau quand ils sont enfants. Regarde ce qu'est la vie quand ils sont grands : les problèmes, on stresse pour leur avenir, on panique, c'est très dur. Or quand ils sont enfants, ce n'est que du bonheur : les crèches avec ses couleurs, les gribouillages qu'ils ramènent le soir, les parcs d'attractions, les jouets, même quand on va chez le médecin, il y a de l'amour dans l'air. Je le dis sans égoïsme.

- Tu as raison, ce sera peut-être le cas dans notre prochaine vie. En attendant, la vie dans les Seigneurie n'est pas toujours triste. J'ai une amie qui travaille dans une de ces institutions qui m'a raconté que les couples s'y forment souvent et cela peut aller jusqu'à des remariages.

- J'ai suivi des reportages sur des personnes qui s'y sont remariées, mais cela ne me tente pas pour autant. Cela ne fait qu'en rajouter à mon aversion pour ces maisons. A mon avis, c'est une dérive plus liée à la solitude qu'à un sentiment amoureux. Avec ma santé chancelante, les portes du paradis ou de l'enfer, ce que je ne souhaite pas, s'ouvriront bien plus vite devant moi que celle de ces prisons dorées. Pour en revenir à toi et si tu veux mon avis, ne rentre pas dans ce jeu avec ce Monsieur, c'est dangereux. De plus, il parait que les autorités sont de plus en plus attentives à ces cas d'escroquerie et d'arnaques par abus de faiblesse sur personnes âgées.

- Je vais y réfléchir.

- Je te le conseille vivement. Tu gardes ton logement cette année ?

- Oui et c'est la dernière. Je ne pourrai plus avoir une inscription l'année prochaine pour le renouvellement de ma chambre dans les « kots » étudiants. Quant aux écoles de formations, elles coûtent cher et n'ont pas de possibilité de réduction du minerval comme dans les universités d'Etat.

- Tu seras toujours la bienvenue au club. Trouver un logement ici quand on n'est pas étudiant, c'est la croix et la bannière et c'est peu de le dire.

A la fin du repas, les deux amies firent la petite vaisselle. Antoinette en essuyant ses mains sur son pantalon se dirigea vers la cabine de bain et continua :

- Une minute, je vais sécher mon linge. En fait, c'et la tenue que je mets quand je travaille chez la dame dont je t'ai parlé la dernière fois. Celle qui a cinq chats. J'y étais hier, dès que j'en reviens, je trempe tous mes vêtements, tant ils sentent le chat. J'en suis gênée dans le bus quand je rentre parce que je crois que j'indispose les navetteurs avec mes relents de chats.

- Ici on appelle ça les animaux de compagnie. Je ne cherche plus à comprendre cette relation entre les blancs et leurs bêtes. J'étais chez une amie la semaine dernière. Nous parlions de tout et de rien quand je l'entends questionner « ça va bien ma chérie ? » Heureusement que je n'y ai pas automatiquement répondu ; je l'ai regardé pour m'assurer que cette sollicitude m'était destinée. J'ai remercié mon reflexe de garder silence car, elle s'adressait à sa petite chienne qui était venue je ne sais quand se blottir dans ses bras. Ce qui est sûre, c'est que je n'ai pas entendu la réponse du chien. Je connais un couple qui se dispute vraiment quand le chien préfère au grès de ses instincts aller vers tel ou tel. Tu entends « viens voir papa ! » et la femme rugit « non, viens voir maman, tu es un gentil gamin ! », c'est le chien qu'elle appelle gamin ; et d'autres stupidités, du moins pour moi, du même genre.

Ensuite, comme dans un ballet synchronisé, elles ont attrapé chacune leur téléphone portable pour le consulter discrètement avec l'excuse que tout le monde donnait et que personne n'écoutait plus : « il était sur vibreur. » Le téléphone portable ! On l'aimait autant qu'on le redoutait. Il avait les inconvénients de ses avantages. On avait peur quand il se mettait à sonner, on avait peur d'entendre le bip de la messagerie et on était deux plus anxieux quand l'indicatif affiché était celui du pays. Quand il n'y avait rien de tout cela, on pensait que pas de mauvaises nouvelles. On remerciait le ciel et on était rassuré jusqu'aux prochains grésillements. En même temps, on ne pouvait pas se passer de cet instrument, on ne s'en séparait presque jamais. En effet, il devait sonner pour qu'on reçoive de bonnes nouvelles sur les opportunités de travail, les bonnes adresses pour renouveler les inscriptions, les bons filons pour obtenir les papiers.

Plongés dans la manipulation de leur téléphone, Antoinette et octavie levèrent la tête en même temps de leur appareil et se regardèrent. Un invité se signalait en activant sur la sonnerie de la porte d'entrée. « Je n'attendais personne d'autre que toi aujourd'hui », maugréa Cécile en allant ouvrir et de s'exclamer : « c'est Blaise ! Quel vent t'emmène. Entre, tu es glacé » continua-t-elle en lui prenant son manteau.

- Bonjour les filles, répondit Blaise en apercevant Octavie. Il fait froid dehors. Ça sent bon ici, qu'avez-vous préparé ? J'ai faim.

Quand on entrait chez un étudiant, un seul regard et on avait presque tout vu. C'était certainement pareil ailleurs. Les chambres d'étudiants pouvaient être décrites de la même façon avec un coin réservé à la cuisine, un autre aux sanitaires, le reste d'espace occupé par un lit, une table et quelques meubles de rangement. C'était le minimum et on n'avait pas besoin de plus. Pour ceux qui aimaient les fleurs comme Octavie, ils arrivaient à faire de la place pour les vases ; les mélomanes trouvaient toujours comment installer leur arsenal de musiques.

- Comment cela tu as faim ! Ta femme n'a pas fait la cuisine ou tu n'as pas donné l'argent des courses ce matin ? Taquina Antoinette, tout en l'invitant à prendre place. Comme il n'y avait que deux chaises, elle s'assit sur le lit.

- D'où viens-tu aussi bien habillé ? Renchérit Octavie.

- Je reviens de l'aéroport. Je suis allée accompagner Marie-Claire, elle a eu ses papiers pour migrer au Canada.

- Quoi ! S'exclamèrent les deux amies au même moment en s'arrêtant pile dans l'amorce de leur activité : Antoinette se dirigeant vers la quitchinette et Octavie essayant de ranger soigneusement son téléphone dans son sac à main.

Revenues de leur stupeur, les questions fusèrent : elle part sans nous dire au revoir ? Quand est ce qu'elle a commencé le processus ? C'est ta fiancée, tu vas aller la rejoindre là-bas ?

- Elle n'est ni ma femme, ni ma fiancée, réussit à placer Blaise. C'est une fille avec qui j'ai sympathisée. Elle est volontaire et sait ce qu'elle veut. La preuve ! Quand elle a un doute sur l'évolution de ses projets, elle cherche l'information à la bonne adresse. Contrairement à vous qui foncez tête baissée à limiter votre univers sur les *jobs* sans lendemain ; à travailler, couteau entre les dents, comme si vous réalisiez vos rêves les plus fous. C'est même une concurrence déloyale à ceux dont c'est le seul métier et qui ne peuvent vivre autrement. Or, Marie-Claire, dès qu'elle est arrivée ici, elle a dit qu'elle ne va jamais laver une assiette en Europe pour en survivre ; elle s'est lancée le défi de réussir avec ce qu'elle a appris, avec ce pour quoi elle a élimé jupes et pantalons sur les bancs. Aujourd'hui, c'est mission presque accomplie. Si vous vouliez réaliser votre vie en Europe avec les boulots de nettoyage, pourquoi avoir perdu le temps à faire de longues études ? Vous auriez commencé à travailler il y a longtemps qu'aujourd'hui vous serez presque pensionnés.

- Eh ! S'écria Antoinette en déposant devant Blaise deux assiettes, une de couscous et la seconde, contenant la sauce, le professeur donne son cours ex cathedra.

Octavie qui l'avait rejoint compléta le service avec les couverts, un verre et une carafe d'eau fraîche. C'était facile de servir Blaise, on savait qu'il ne buvait que de l'eau.

- Au fait, dit Blaise en se tournant vers Antoinette, tu gardes encore ta chambre cette année ?

- Oui, répondit la concernée. J'en parlais avec Octavie avant ton arrivée. J'aurai épuisé toutes mes cartes en tant qu'étudiantes. Je compte sur toi pour les conseils, même si je ne m'appelle pas Marie-Claire.

- On dirait que tu ne prends pas au sérieux ceux qui racontent la galère qu'ils traversent quand ils recherchent un logement. Intervint Octavie. Il sera toujours temps pour que tu goûtes aux délices de la situation. Je vais me servir de nouveau, continua-t-elle en prenant une des assiettes qu'elles avaient tantôt lavées et rangées sur l'évier. C'est pour accompagner Blaise, on n'a pas d'appétit quand on mange seule.

- C'est vrai, moi aussi, je vais me resservir. C'est Antoinette qui parlait tout en joignant le geste à la parole.

Elles remplirent leur assiette comme si elles n'avaient pas mangé depuis deux jours sous le regard inquisiteur de Blaise, qui ne put se retenir de sourire. Le repas était encore chaud, les assiettes fraîchement lavées, bref, tout disait que les filles venaient de sortir de table ; et se servir des montagnes seulement pour l'accompagner ! Ayant remarqué et compris le sourire de Blaise, Octavie dit pour justifier leur gourmandise :

- Antoinette prépare très bien, cela donne envie de faire des réserves.

- Les réserves ne sont pas bonnes pour la ligne. Dit Blaise sans se départir de son sourire moqueur. C'est un euphémisme de dire que c'est bon. J'en prendrai encore un peu, continua-t-il en tendant son assiette vers Antoinette qui avait anticipé sa demande en se levant pour le servir à nouveau.

Après ce deuxième tour de table, Antoinette avait bavardé avec ses étrangers. Ils avaient échangé des nouvelles d'ici et d'ailleurs, surtout du pays. Blaise avait été le premier à prendre congé tout en promettant qu'il les emmènera un de ces jours manger les pâtes à la sauce bolognaise dans un restaurant de la ville, ce qui avait donné un nouveau sujet de conversation aux filles.

- Il croit que nous sommes des blancs ? Comme il a mangé ici, il se sent obligé de nous inviter pour nous rendre la pareille, commenta Antoinette.

- On appelle ça copier les us et coutumes du pays d'accueil pour s'intégrer. Merci pour le repas, j'ai mangé pour deux jours aujourd'hui. Je vais bientôt y aller aussi. Si tu n'as rien à faire ce soir, allons chez moi. Ma sœur m'a envoyée des bâtons de manioc qui ont fait le tour de l'Europe avant d'atterrir chez moi.

- Huumm ! Les bons bâtons de manioc de chez nous, j'adore. Je ne peux pas y résister. Je m'apprête et on y va.

Chemin faisant, Octavie avait raconté le parcours dans la moitié de l'Europe que les bâtons de manioc avaient emprunté avant d'atterrir chez elle : sa sœur les avait ramenés du pays, mais comme elle habitait en France, il fallait trouver une occasion pour les envoyer en Belgique. Celle-ci s'était présentée par une de ses amies qui viendrait en Belgique, mais en faisant une escale de quelques jours en Allemagne. La conclusion était que cela aurait coûté moins cher d'aller s'approvisionner en bâtons de manioc directement dans les marchés africains de Bruxelles. Mais coûter moins cher à qui ?

- Dis-moi Octavie, vous disiez que cela se passe comment pour trouver un logement ?

- Non, tu n'en es pas intéressée pour le moment. T'en parler c'est comme parler de Mozart à un sourd. L'année prochaine quand tu seras vraiment dans le besoin, ta disposition à écouter changera.

- Je prends note. Vous ne voulez pas m'informer sur les pièges qu'on rencontre quand on cherche un logement hors campus universitaire, je vais me rapprocher des agences immobilières. Elles feront tout le travail pour, je viendrai seulement signer le contrat et occuper la maison.

- Il se peut que cela se passe ainsi pour toi, je te le souhaite vivement. Et puis, commencer ton baptême dans la recherche de logement par les agences immobilières n'est pas une mauvaise idée.

LUVAN LA BELLE, LUVAN LA XENOPHOBE

Jobiste ou pas, étudiant, étudiant de profession ou autre, il faut se loger. Trouver un logement n'est certes facile nulle part, mais à Luvan, le logis valait de l'or. En effet, le contrat de bail était une pièce importante dans la composition des multiples dossiers à déposer dans le processus d'obtention de la carte de séjour.

Le titre d'étudiant perpétuel avait beaucoup d'avantages, entre autres celui de garantir un logement. Il arrivait qu'une bonne dose de travail, de volonté d'enfer et peut-être de chance fassent passer quelques téméraires étudiants de profession par les fines mailles du filet qu'étaient les différentes conditions à l'ascension sociale. Ceux-ci devaient affronter sans le label de leurs universités le marché des propriétaires et agences immobiliers.

- Attention !

C'est Marie qui mettait en garde Octavie des mains de qui venait de glisser une assiette en verre, qui se brisa en mille morceaux au contact du sol.

- Aïe ! Désolée, s'excusa-t-elle en regardant tristement les débris éparpillés à ses pieds. Elle secoua la tête en signe de résignation et se courba pour ramasser les éclats de verres.

Marie avait déjà saisi brosse et pelle et s'activait à rassembler le reste des débris.

Je suis fatiguée, s'excusa Octavie. J'ai le moral à ras du sol et le découragement me gagne. Cela fait bien un an que je cherche un logement en vain. Je ne compte pas les demandes déposées dans les agences immobilières privée ou publique. Il paraît que du côté des agences publiques, les attentes peuvent aller jusqu'à une dizaine d'années alors, je n'y pense même pas encore. Cela n'avait pas été non plus une partie de plaisir il y a cinq ans quand j'ai trouvé cet appartement. Toute chose restant égale, les difficultés rencontrées à ce moment-là apparaissent comme des jeux d'enfants comparées aux blocages auxquels je fais face aujourd'hui, continua-t-elle en cherchant du regard et d'une main un carton, un récipient, n'importe quoi où balancer les fragments de l'assiette qu'elle tenait dans l'autre main.

Oui, hélas. Les choses ne vont pas s'améliorer. Le marché de l'immobilier est tendu en ce moment selon les experts, dit Marie qui ne savait pas comment réconforter son amie. Les propriétaires des biens sont de plus en plus frileux, les agences d'intérim immobilières ont flairé un marché juteux de ce côté-là et s'y sont engouffrées : les loyers sont artificiellement élevés, les garanties pas toujours évidentes à constituer. Je suis des histoires de difficultés de se loger régulièrement autour de moi, surtout chez les étrangers. Au fait, où devrais-je t'accompagner cet après-midi ?

L'une des leçons qu'Octavie avait retenue pendant sa dernière recherche de logement était que, les *blacks* augmentaient leurs chances quand ils étaient accompagnés dans les procédures de recherche par un vrai Belge, un Blanc. Non pas ces belges sur papier qui l'était par magnanimité ou souci de remplir son quota humanitaire des gouvernements. Elle avait appris et retenu que la présence d'un *Blanc* mettait en confiance leurs compatriotes propriétaires, et cela avait bien fonctionné il y a cinq ans pour l'obtention de son actuel logement. Au vu des difficultés auxquelles elle faisait face aujourd'hui, elle commençait à penser sérieusement que cet accompagnement restait encore nécessaire, mais plus suffisant.

Dans la recherche de logement, l'expression « montrer patte blanche » n'avait jamais aussi bien porté son nom. En effet, un *black* restait un *black*. Pour ceux qui avaient obtenu le sésame de la naturalisation, ce n'était qu'un document à garder jalousement sous forme de carte d'identité au fond de son portefeuille. Dans la vie courante, les Européens avaient trouvé le moyen de contourner cette nationalité qui était bradée à leurs yeux, pour des raisons politiques ou des fins électoralistes. C'est ainsi que pour être sûr que tu es que tu resteras un *black*, on ne demandait plus « vous êtes d'où ? » Parce que vous pouviez répondre : « je suis belge, je suis français, je suis, je suis… ». Non, pour être sûr de ne pas entendre ces réponses qui leur faisaient mal aux oreilles, on avait trouvé la formule politiquement correcte : « Vous êtes de quelle origine ? » Assurément, la réponse sera : « Camerounaise, congolaise, Burkinabé, etc. » Ainsi donc, en dépit du petit bout de carton que vous avez obtenu après un long parcours de combattant, vous étiez bien un étranger et devrait être traité comme tel.

- Merci ! dit Octavie en prenant des mains de son amie la brosse et la pelle pleine de fragments. Assois-toi un moment, continua-t-elle en vidant la pelle dans le seau qu'elle avait déniché et où elle avait jeté les morceaux qu'elle avait ramassés. J'ai relevé deux adresses d'appartements mis en location qui me conviennent bien, tant au niveau du prix que de l'emplacement, enchaîna-t-elle pour répondre à la question de Marie. Tu m'accompagneras faire une visite d'appartement à la rue du Moulinier à 15 heures, avec l'Agence immobilière Alpha. Avant cela, nous visiterons un autre truc à l'Impasse du Bois. D'ici-là, nous avons le temps de nous remettre de nos émotions. J'ai du jus d'orange, continua Octavie pour changer de sujet.

- Laisse- moi faire ! Je vais servir, dit Marie qui était restée adossée à un mur de la kitchenette malgré l'invitation à s'asseoir.

Comme elle connaissait les lieux, elle prit deux verres dans une armoire et les disposa sur la table du coin séjour, revint vers Octavie qui avait sorti du frigidaire la bouteille de jus de fruit et l'entraîna gentiment vers la chaise la plus proche où elle la força presque à prendre place avant d'occuper la chaise d'en face. Octavie leva les yeux vers son amie, qui capta le regard plein de reconnaissance et de complicité, et le lui rendit avec un sourire d'encouragement.

Dans un silence que les deux amies interprétaient et comprenaient intérieurement, elles remplirent leurs verres, le levèrent par habitude sans mot dire et le vidèrent d'une traite avant de les déposer dans un soupir de soulagement et de satisfaction, mettant ainsi fin à l'épisode du plat brisé.

Octavie, j'ai complété le questionnaire de l'appel à projet en intégrant les remarques émises lors de notre dernière réunion. Il reste une dizaine de jours avant la *date line* de dépôt de candidature à la province. Le temps passe vite, je propose que le groupe se réunisse encore une fois afin de revoir les dernières modifications avant le dépôt du dossier.

- Bonne idée, dit Octavie. Tu enverras les convocations par mails. Je m'apprête et on y va !

Marie était la présidente de l'association de fait qu'Octavie et quelques volontaires avaient mis sur pied pour soutenir son projet.

« Vous êtes arrivés, vous êtes arrivés ! » C'était la voix monocorde du GPS qui leur signalait qu'elles étaient arrivées à destination.

- Oui nous sommes arrivées, mais je ne vois pas le numéro vingt c'est une vraie impasse. Ce passage n'a pas volé son mon ; dit Octavie en tournant la tête de gauche à droite pour lire les numéros devant les façades. Elle stoppa net le véhicule, la chaussée se rétrécissait dangereusement et débouchait brusquement sur une sorte de cul de sac. Désactive cet engin, s'il te plait continua-t-elle vers Marie assise à ses côtés. Nous avons bien compris que nous sommes arrivées.

- Ah oui nous y sommes ! Lança Marie d'un ton joyeux pour mettre un peu d'emphase. Voilà le numéro vingt, là-bas devant nous, à droite. Tu peux te garer ici, je crois que cela ne gênera personne, et nous descendrons à pied.

Après plusieurs manœuvres pour garer au mieux la voiture, elles se dirigèrent vers ladite maison. A première vue, les lieux étaient dépourvus de vie humaine depuis un certain temps. Marie se dirigea vers une porte dont on ne savait pas très bien où elle donnait, entre l'appartement mis en location ou celui du voisin. Quant à Octavie, elle avait pris le chemin censé être celui de l'entrée principale de l'appartement mis en location. Collant son front contre la porte vitrée en mettant sa main gauche en visière pour atténuer les reflets du soleil, elle scruta l'intérieur de la maison. « Le séjour n'est pas grand, mais cela me convient. L'important aujourd'hui est de trouver un endroit pour dormir » ; soliloqua-t-elle. Une rangée d'armoires aux battants clos occupait toute la largeur d'un mur. Une porte entr'ouverte laissait deviner les installations d'une minuscule cuisine. On remarquait dans un angle les premières marches d'un escalier qui pouvait monter vers les chambres et autres commodités de la maison. Le vocabulaire a muté, pensa encore Octavie. Aujourd'hui, on appelle ce type de logement duplex pour augmenter les prix de location. On ne fait plus la différence entre le grenier, la mezzanine, la mansarde. La partie visible de la maison était plutôt rassurante, bien arrosée par les rayons du soleil. Ici c'était très important et recherché. On voyait déjà sa facture de chauffage allégée grâce à la chaleur que les murs emmagasineront.

- Avant de détourner le regard vers Marie qui l'appelait dans son dos, elle lut sur un morceau de carton collé à même le sol : pour tout renseignement, sonner en face, numéro vingt-trois ».

- Oui, Marie.

- Viens, j'ai sonné en face. On peut nous y renseigner.

Elles s'engagèrent vers l'allée menant au numéro indiqué. Là, les attendait sur le seuil de la porte une belle dame d'une cinquantaine d'années. On avait du mal à dire si le blond de ses cheveux était naturel ou le résultat d'une coloration réussie. Après les formules de politesse usuelles, la dame leur dit que l'appartement mis en location était la propriété d'un couple qui occupait une résidence un peu plus loin. Que Monsieur et Madame les propriétaires étaient de riches pensionnés, ils voyageaient beaucoup et étaient souvent absents comme ce jour. Elle leur proposa de prendre leurs coordonnées téléphoniques qu'elle remettra aux concernés à leur arrivée. Avant de refermer son bloc-notes, elle demanda qui était la principale locataire éventuelle.

- C'est moi, dit Octavie.

- Je suis une amie, avait continué Marie. Remettez-leur également mon numéro.

Sur ce, elles avaient pris congé de la dame blonde pour répondre au prochain rendez-vous de visite d'appartement, rue du Moulinier, avec un agent de l'agence immobilière Alpha. C'était le rituel des agences immobilières : après la visite, il fallait confirmer qu'on est intéressé par le bien, et l'agent immobilier continuait en demandant s'il y avait des remarques. Ce sur quoi Octavie répondit :

- Heu... Non, ça va. C'est très bien, répondit Octavie. Une toute petite remarque qui n'a rien de malveillant ; les portes et fenêtres sont très grandes et ont pratiquement remplacé les murs. Avec de belles tentures et rideaux, la maison sera très agréable à vivre.

La procédure avec les agences immobilières était les mêmes. N'étant pas à sa première expérience, Octavie avait des dossiers tout prêts dans un attaché case : photocopies de ses trois derniers bulletins de paie, de sa carte nationale d'identité recto-verso, des trois derniers bulletins de paie de son garant. À cela, il fallait joindre la réponse à un questionnaire propre à chaque agence. Répondre à une série de questions plus ou moins indiscrètes et stupides sur le nombre de personnes qui vont habiter la maison (combien d'adultes, combien d'enfants), le nombre et la qualité des personnes que vous prévoyez recevoir durant l'année. Comment voulait-on que je sache combien de personnes je compte recevoir l'année ? Il arrivait que des compatriotes aient des accidents de parcours et viennent squatter chez des amis. Il arrivait que ton téléphone sonnât un matin et on t'annonce que telle personne a eu le visa pour la Belgique, qu'elle a pris l'avion et que tu dois la récupérer à l'aéroport. Combien de temps cette personne restera avec toi ? Autant de questions sans réponses. Même si on avait ces réponses, on ne les donnerait jamais à l'administration. Quelles sont vos sources extra de revenus ? Cela faisait aussi partie des informations qu'on ne donnait pas ? Avez-vous des crédits ? Etc.

Tout étant en ordre dans les documents remis à l'agent immobilier, celui-ci promit d'appeler bientôt pour donner des nouvelles.

Le trajet retour fut plus léger pour les deux amies. Elles parlèrent du temps capricieux, des températures ; sujet sur toutes les bouches en cette période de fin de printemps où les feuilles tardaient à se gorger de chlorophylle, où rosiers et autres fleurs étaient encore à l'état de bourgeons tant et si bien qu'on avait du mal à dire si elles venaient de perdre leurs pétales ou si elles s'apprêtaient à se parer de couleur.

Ce même soir, le téléphone sonna, c'était Marie.

- Bonsoir Octavie, je viens de recevoir un appel du propriétaire de l'appartement que nous avons visité à l'Impasse du bois qui me dit que la maison est déjà louée. T'en a-t-il aussi informée.

- Quelle diligence ! Non bien sûr. Quand la dame a insisté pour savoir de nous deux qui était le locataire effectif, pour moi, c'était clair que ce ne sera pas à moi.

- Moi aussi, sa question m'a intriguée.

Elles ne croyaient pas que l'appartement fut déjà occupé. Elles savaient que c'était une réponse préenregistrée pour ne pas louer son appartement à un … *black*. Tout n'était pas perdu, l'agence immobilière Alpha n'avait pas encore répondu. Dans cette attente, Octavie continua ses recherches en passant des coups de fils aux propriétaires, en laissant des messages dans les répondeurs des absents, en répondant par messages électroniques à des annonces, en notant d'autres informations.

- Allo ? S'enquit Octavie en activant son GSM qui venait de vibrer dans son sac.

- Agence Immobilière Lambda, entendit-elle au bout du réseau. Suite à votre message concernant l'appartement numéro deux de la rue du Compas, nous vous proposons une visite des lieux jeudi, après demain à dix-sept heures.

Après qu'elle eut consulté son agenda et marqué son accord pour le jour et l'heure proposés, la correspondante de l'agence Lambda insista sur les pièces à apporter : ses trois derniers bulletins de paie et ceux de son garant, une lettre de recommandation de celui-ci, photocopie recto-verso de sa carte nationale d'identité, le questionnaire sera rempli sur place.

Qui viendra avec moi cette fois ? Pensa Octavie désemparée. Elle avait tellement sollicité ses amies pour rien jusqu'à présent. Le problème étant personnel, elle ne tenait pas non plus à en avertir le monde entier. Elle réussit à obtenir de Marie la promesse de l'accompagner à nouveau.

- Ta présence sera ma deuxième garantie, plaisanta-t-elle au téléphone. La première étant les bulletins de paie de mon garant.

- Je crois que cela va aller cette fois. Ne te tracasse pas. Même si cela n'a pas été le cas la dernière fois. Et puis cette Impasse du bois était un coin perdu. Cela t'aurait éloignée de nous et de tes centres d'intérêt ici. Prenons la chose avec philosophie et surtout du bon côté. Je passe te chercher jeudi à seize heures quarante et cinq minutes.

- D'accord. Je verrai désormais le verre à moitié plein.

D'ici là, Octavie se donna un break dans la recherche immobilière, tout en dressant un bilan de l'état d'avancement des différents dossiers auprès des agences immobilières et des propriétaires privés auprès desquels elle avait manifesté un intérêt pour leur bien. En feuilletant les pages de l'agenda réservées à cette recherche où elle notait les adresses, les visites, les commentaires, elle cligna des yeux ; les résultats de ce premier bilan n'étaient pas encourageants, les démarches n'avaient pas beaucoup avancé.

Ses appréhensions ne tardèrent pas à devenir de vrais soupçons. Les réponses qu'elle recevait soit pas message SMS, soit par E-mail et jamais par appel direct, se résumaient en quelques mots : « Nous sommes désolés, l'appartement YZ est déjà loué ». Et quand elle relançait les proprios qui ne se donnaient même pas la peine de répondre, la réponse était inlassablement : « Il y a encore des visites à faire, on vous tiendra informée dès que possible ».

Octavie pensa à sa première visite où Marie l'avait accompagnée. La propriétaire qui regardait sans doute par la fenêtre, avait descendu presque en courant les quelques marches de la maison donnant sur le trottoir, s'était approchée d'elles avant même que celles-ci n'aient sonné. Elle avait directement pointé Octavie du doigt en demandant : « C'est vous qui souhaitez avoir l'appartement ? » Elle répondit par l'affirmative sans trop comprendre dans l'immédiat l'intérêt de cette question. Elle ne tardera pas à en être édifiée.

Aujourd'hui, après des mois de recherches infructueuses et devant son tableau récapitulatif où les réponses reçues étaient négatives, elle comprenait tout le sens de la question empressée de cette dame qui avait immédiatement demandé si c'était Octavie qui louera la maison. C'était la première fois où on lui avait donné le Bon Dieu sans confession ; la première fois où l'on pouvait lui remettre les clés d'un appartement sans autre forme de procès. Et pour cause !

Dès la porte du soi-disant appartement franchi ce jour, Octavie et Marie s'étaient regardé de biais, regards chargés de sous-entendus. L'espace réservé au séjour que la propriétaire désignait ne pouvait pas contenir plus d'un canapé-lit d'une place et d'un petit meuble de télévision à une cinquantaine de centimètres plus loin. Une porte sans battant donnait sur une cuisine tout simplement indescriptible. Du baratin qu'égrenait la présentatrice, on avait compris qu'ici, on était encore au gaz dans les bonbonnes (comme au pays, avait pensé Octavie avec un brin de sourire). Ce n'était pas cela le plus compliqué ; c'est l'accès à la bouteille qui causait problème. De quoi être déjà rassasié quand on pensait qu'il fallait se mettre à quatre pattes pour ouvrir et couper le gaz avant et après la cuisson.

L'étage, (l'annonce avait parlé d'un duplex : maison avec un étage pour donner un prix conséquent), était en réalité une sombre mansarde que la dame avait présentée comme une chambre à coucher, que prolongeait un réduit sous les toits, les sanitaires. Il y avait quelque chose de commun à tout cet ensemble désolant : les escaliers. Il y en avait un pour tout : du trottoir à la maison, du séjour à la cuisine, du séjour à la chambre, de celle-ci dans la salle d'eau, le tout dans une crasse répugnante.

Mais oui, c'était donc cela ! pensa Octavie en secouant la tête. La seule maison dans laquelle on pouvait accepter sa présence était un trou à rat, complètement délabré qui n'avait pas vu une couche de peinture fraîche depuis des lustres. Ce taudis n'avait rien en commun avec les appartements, les maisons avec leur luxuriante baie vitrée où sa prétention la voyait habiter.

Pour sûr, se dit-elle, la courbe de sa recherche de logement n'avait pas encore décollé. Qu'est ce qui la plombait à ce point ? Jusqu'à présent, aucun propriétaire n'avait encore abordé les questions essentielles comme celles du loyer, des provisions pour charges, de la garantie. De guerre lasse, elle décida de continuer cette analyse un autre jour. Tout n'était pas perdu, il y avait encore quelques réponses à l'ordre du jour. Elles ne se firent pas attendre. Le bip de son téléphone l'avertit d'un message entrant. C'était une agence immobilière. Elle ne put identifier l'agence d'où était parti le sms lapidaire l'informant sans autre forme de procès que l'appartement sollicité avait été loué à quelqu'un d'autre. Elle ne sut non plus de quel appartement il était question. « Ils n'ont même plus la décence de me parler de vive voix » maugréa-t-elle en effaçant le message. Lire ce énième message « nous sommes désolés, l'appartement a été loué » l'avait encore bouleversée. Pour que sa tête n'explosât pas, elle serra fort ses tempes qui cognaient dans ses mains. « Quel que soit le degré de tolérance d'un être humain, il existe un point au-delà duquel on bascule dans l'excès, dans le fanatisme » pensa-t-elle et elle pensait n'en être plus loin. Le Bon Dieu Lui-même, n'en déplaise aux disciples de Darwin et athées de tous bords a dit dans la Bible qu'il était « lent à la colère ». N'est-ce pas reconnaître qu'Il a aussi une limite dans sa magnanimité ?

Ordonner des déluges dans la ville, ordonner aux fleuves de s'assécher, ou simplement ordonner à une maison de sortir du sol, faire le moindre miracle étant d'ordre divin, Octavie se résigna et prit sur elle de rester *zen*. Désespoir de cause ou pas, cela lui fit du bien. Ce sera un bon sujet de discussion avec Rose qui était une convertie de la *zen attitude* et la défendait en toute circonstance. A force de l'écouter, peut-être en avait-elle gardé, à son insu, des façons de faire ou de penser assez *zen*.

Cette journée s'acheva comme celle d'hier, comme celle d'avant-hier et consorts, sans réponse favorable, sans perspective de logement à l'horizon. Elle avait un lot de consolation, elle avait dit « non » à la toute première offre de logement.

Le lendemain était le troisième dimanche du mois, jour où elle assistait à un atelier de pâtisserie. Elle s'en réjouissait d'avance. C'était des journées qu'elle attendait avec impatience. Ces ateliers réunissaient tous ceux qui avaient envie d'apprendre ou de partager leur expérience en matière de préparation de tout produit à base de farine. Ces séances d'apprentissage se terminaient toujours par des festins dits improvisés. Les produits préparés étaient presque tous dégustés sur place. Certains participants réussissant à sauver quelques morceaux qu'ils présenteront chez eux comme des trophées, question de justifier toutes ces heures d'absences dominicales. Pour le festin, les hommes sortaient du fond de la malle arrière de leur voiture, comme par enchantement, une ou deux bouteilles de bon vin. Quant aux femmes, l'air innocent, elles sortaient des bouteilles de jus de fruit.

En préparant son matériel la veille de ce troisième dimanche du mois, Octavie repensa à l'entretien qu'elle avait eu avec une dame pendant l'activité du mois dernier. Octavie lui avait expliqué qu'elle portait un intérêt particulier à ces ateliers parce qu'elle avait le projet d'installer dans son village un four à pain. En entendant cela, la dame avait ouvert grand les yeux. Toute inquiète, elle avait voulu savoir comment s'approvisionnerait-on en bois de chauffage dans ce village pour faire fonctionner un four à pain. Prenant la question au premier degré, Octavie s'était lancée dans de grandes explications géographiques : son pays baignait en partie dans la forêt équatoriale, il était arrosé par de nombreux cours d'eau, il n'y avait pas de souci, comme ici du reste, à ramasser des branchages pour alimenter le four. La dame l'avait interrompu et clarifié sa question :

- Vous allez déforester la nature pour cuire du pain ?

- Pardon ? Je n'avais pas bien compris ta question. Et ici, vous pêchez votre bois dans l'océan ? Continua Octavie pour la charrier.

Sur ce, elle abandonna le groupe des pseudos protecteurs de la nature pour rejoindre un autre. Cet épisode n'allait pas gâcher sa journée. Les troisièmes dimanches étaient de belles journées. Ils changeaient des jours de semaine ordinaire plein de stress, d'allures vertigineuses, d'objectifs jamais atteints. Alors, elle n'allait pas se laisser emporter par des discussions stériles de préservation de forêt, de surcroît avec des personnes très mal renseignées. Cette dame n'était pas la seule dans cette méconnaissance des enjeux environnementaux. En utilisant quelques branchages au Cameroun pour satisfaire des besoins vitaux, on contribuait à la déforestation. Or, ici, dans une activité récréative, on ne se souciaient pas de la provenance du bois.

De retour à la maison ce troisième dimanche, Octavie avait pensé qu'elle passera une bonne nuit quand la sonnerie de son téléphone la réveilla de bonne heure. A tâtons, elle prit l'appareil qui continuait de grésiller sur la table de nuit.

- Allo ?

- Oui, c'est pour annuler la visite de l'appartement de la rue de la Gare. Il a été loué.

Mon Dieu, quel cauchemar ! pensa-t-elle en rabattant le clapet de son GSM. C'était la douche froide qui vous remet les idées en place en une fraction de seconde. Elle était à présent bien réveillée. Bien consciente de la difficulté de trouver un appartement. Cet appel matinal mettait sa journée sous de mauvais auspices. Non, se dit-elle une fois de plus. Elle ne se laissera pas abattre par un simple appel, même de refus. Ce n'était qu'un en plus. Elle prit la résolution de prendre l'avis d'une autre personne dans ce sujet de recherche de maison. Elle pensa à Blaise. Un professeur a toujours de bons conseils, se dit-elle. Blaise n'avait pas attrapé le complexe de la grosse tête qu'on souvent ces chargés de travaux dirigés venus poursuivre leurs études doctorales en Europe. La dernière fois qu'ils se sont rencontrés chez Antoinette, il leur avait fait le reproche de ne pas frapper aux bonnes portes en cas de difficulté. C'était sa façon de les encourager. Elle composa son numéro.

- Allo Octavie ? Il avait reconnu le numéro inscrit sur son écran.

- Oui Blaise, excuse-moi de te déranger de si bonne heure. Je viens d'être réveillée un matin de plus pour rien. Je suis toujours à la recherche d'un logement. J'avais pris rendez-vous avec un Monsieur pour visiter un de ses appartements demain. Il m'a envoyé un e-mail hier pour l'annuler. Il y a deux minutes, il vient encore de m'appeler pour me dire la même chose. A croire qu'il a fait des cauchemars la nuit en me voyant occuper sa maison.

Fidèle à son habitude, Blaise commença par rire à l'autre bout du réseau ; de ce rire étouffé qu'Octavie connaissait bien et qui la fit sourire. C'était un rire contagieux pour dédramatiser la situation ; elle comprenait qu'il tentait de la calmer, de ne pas l'accompagner dans le découragement qui s'entendait dans sa voix.

- J'imagine et je comprends que tu sois contrariée, commença-t-il. J'ai pris connaissance du mail S.O.S. que tu as envoyé à tous tes contacts pour qu'on t'aide dans la recherche de logement. Je n'ai pas d'idées novatrices. Mais attends, en y pensant, parles-en au directeur du Centre Plait-à-Dieu. J'y ai fait du bénévolat dans le cadre de ma thèse, si je ne m'abuse, je crois qu'il peut te loger pendant quelques mois, voire plus, de quoi faire baisser la pression sur tes épaules et te permettre de trouver quelque chose.

- Merci professeur, répondit Octavie dans le téléphone qu'elle tenait collé à l'oreille par l'épaule et fouillait des deux mains dans ses sacs à main, l'un après l'autre. Cette nouvelle qui lui redonnait espoir lui avait fait oublier ce qu'elle cherchait dans les sacs à main qu'elle abandonna au pied du lit. Je vais faire la démarche auprès du directeur de ce centre ce jour même, continua-t-elle. Peut-être avais-tu raison de dire que nous nous satisfaisons de peu et ne cherchons pas les informations où elles se trouvent. Je ne suis pas paranoïaque, mais j'ai des doutes sur les motivations des propriétaires que j'ai contactés jusqu'ici. Je ne veux pas croire et je ne veux même pas leur faire le plaisir de croire un instant que ces refus à la chaîne sont liés à la couleur de ma peau.

- En effet octavie, je le redis et je vous avais déjà fait part de mon avis sur ce sujet : vous plongez tête baissée dans le système sans vous poser de question, sans chercher à savoir s'il existe d'autres alternatives. Ceux qui vous ont précédé ont fait les petits métiers, ont travaillé fusil sur la tempe dans les champs, les restaurants, parce que c'est tout ou presque tout ce qu'ils savaient faire. Aujourd'hui, vous en faites autant ad vitam aeternam. Après, vous êtes surpris et vous crier à qui veut vous entendre qu'on vous a refusé le boulot parce que vous êtes surqualifié. Bien sûr que vous l'êtes ! C'est votre étonnement qui ne surprend. Auriez-vous vraiment besoin d'une étude de dossier pour comprendre qu'avec vos multiples diplômes du pays et d'ici vous êtes surqualifiés pour faire les petits métiers, les ménages et les baby sitting ? Il en va de même pour les réticences que vous rencontrez au niveau des bailleurs quand vous ne pouvez plus bénéficier d'un logement universitaire. A leur place, seriez-vous convaincus par des dossiers comme les vôtre où c'est le garant qui porte toute la crédibilité ? C'est à vous à changer les paradigmes de votre intégration.

- Oui Professeur, répondit Octavie qui n'écoutait que d'une oreille le plaidoyer envers pour les nouvelles manières de faire en Europe pour plus de considération sur le marché de l'emploi, le marché de l'immobilier, le marché en général. Nous sommes ici pour chercher l'argent, continua-t-elle pour justifier le comportement de tous ceux que Blaise semblait accuser la facilité. Il y a des exceptions à cette règle et je ne vais pas te dire qui. Tu es mieux informé que moi. Elle pensait à Marie-Claire et était sûre que Blaise l'avait compris. Je te promets, nous reverrons nos stratégies. Pour le moment, c'est le logement qui me tient à cœur.

- Peut-être qu'il y a des situations discriminantes, mais elles sont présentes dans nos sociétés, toutes confondues, même chez nous au pays et beaucoup de personnes en pâtissent : noir, pauvre, malade, peu instruit : *buiten*[8] ! La politique de l'Autruche, ça ne fonctionne pas. Analysez la tête froide les tenants et les aboutissants de la société, de vos désidératas, de vos capacités et vos lacunes avant d'agir. C'est pour quand une société juste ? Si tant est qu'elle existe en dehors des discours politiciens. Pour le moment, ne nous égarons pas en conjectures, on en reparlera. Il faut trouver une solution à ton problème de logement et c'est pourquoi je te parle du Centre Plait-à-Dieu. Comme je t'ai dit, dans le cadre de mes recherches, j'ai grosso modo compris que l'une de ses attributions était de loger les étrangers.

- Merci encore dit Octavie en reprenant le téléphone dans sa main. Elle sentait des picotements dans l'épaule.

- Nous aussi, expliqua Blaise, mes trois colocataires et moi sommes à la recherche d'un appartement, cette formule revient moins cher à chacun dans le rapport qualité/prix. Notre situation n'est pas aussi stressante que la tienne. Nous sommes quatre dont deux Européens, un Asiatique et moi. On verra ce que les propriétaires diront de ce métissage. Sois blanc comme neige, si un propriétaire ne veut pas t'accorder son bien, il trouvera une raison. Je peux même donner à un futur bailleur des arguments pour nous refuser sa maison, comme dire que quatre jeunes ensemble, c'est la guindaille tous les soirs, la destruction des installations, les excuses existent, il ne faut donc pas leur donner l'occasion de les utiliser.

- A quoi servent tous ces discours sur la richesse culturelle, la richesse dans la diversité qui sont servis froids, chauds, réchauffés, à longueur de journée dans les conférences, les émissions radio et télévisées ?

- Soyons pragmatiques, c'est juste un fonds de commerce. Ne t'inquiète pas plus qu'il n'en faut. Je suis sûr que tu vas trouver un logement à ta convenance. Il faudra peut-être un peu plus de temps qu'avant. Cela ne m'empêchera pas de dormir. Par contre, tu sais ce qui m'a coupé le sommeil l'autre jour ? C'est ton sms en pleine nuit l'autre jour pour me

[8] *Dehors en Flamand, l'une des langues officielles en Belgique*

communiquer le résultat du match de football entre les Diables Rouges et l'équipe écossaise.

- Il y avait de quoi. La Belgique avait très bien joué. A ce rythme, elle ne ratera plus une participation au mondial. Quant aux prochaines rencontres, j'espère que ce n'est pas installée sous un pommier que je les suivrai, faute de logement. Merci encore pour tes conseils et excuse-moi pour le dérangement.

- C'est naturel, tu ne m'as pas dérangé. Ne sois pas pessimiste. Donc pour toi, l'important pour la Belgique au mondial de football est de participer ? Ce ne sont pas les jeux olympiques. Tiens-moi informé après ta rencontre avec le Directeur du Centre Plait-à-Dieu.

- Je n'y manquerai pas. Merci pour tout, à bientôt Blaise.

En prenant congé de Blaise, elle se souvint que sa camarade Rose rentrait des congés demain en fin d'après-midi, elle lui téléphonera pour qu'elle l'accompagnât dans les prochaines démarches. Elle était belgo-belge, cela pouvait aider.

Rose avait à peine eu le temps de déposer valises et sacs à dos que la sonnerie du téléphone retentit. Elle rompait brutalement le silence de la maison où les arrivants n'avaient pas encore mis en route le ronronnement des appareils qui berçait ou mieux encore, qui irritait le quotidien de la vie à l'occidentale : télévision, lave-vaisselle, lave-linge, ordinateur. La sonnerie surprit et fit sursauter Rose. Elle bifurqua de sa trajectoire qui était la cuisine, traversa le séjour et saisi le poste de téléphone :

- Allo ?

- Hola ! Rose. C'est moi ! Cria presque Octavie à l'autre bout du fil en reconnaissant la voix de son amie. Je suis contente que tu sois rentrée. Comment se sont passées les vacances ?

- Quel flaire ! Nous venons tout juste de rentrer. C'était bien dans l'ensemble. Je te raconterai dans les détails plus tard. J'ai également des photos, j'en ai pris des centaines dont une spécialement pour toi : celle de Notre Dame d'Espagne.

- Merci d'avoir pensé à moi. C'est l'une des effigies qui manquait à ma collection d'icônes de la Sainte Marie. Tu me la développeras en format A4. J'ai un magnifique cadre de cette dimension.

- Promis. Quelles sont les autres nouvelles ? As-tu déménagé ?

- Pas encore. Ma recherche de logement s'enlise chaque jour un peu plus. Raison pour laquelle je t'appelle à mon secours. Je ne sais plus à quel saint me vouer.

- Ne sois pas défaitiste, Octavie. Là je ne te reconnais pas. Tu vas voir, nous allons trouver quelque chose, et quelque chose de bien. Il faut y croire. Dès demain, je recommence les recherches sur internet comme je connais un peu ce que tu souhaites ; ensuite nous ferons le tri ensemble.

- Merci de ton soutien Rose. Excuse-moi pour le dérangement. Cela me déprime cette situation de blocage. Je vais te laisser, j'imagine que vous avez du boulot pour rentrer, vider et ranger les valises.

- Chao Octavie, je te fais signe bientôt.

Octavie ferma son téléphone en pensant à son amie Rose. Avait-elle pris au moins un kilogramme durant ces vacances chez ses parents ? Elle la trouvait si mince. Même si elle n'avait pas grossi, voir ses parents lui avait certainement fait du bien. Et puis, le soleil, la mer, les plages, les restaurants en compagnie de son mari étaient bonus. Elle la reverra, peut-être n'aurait-elle pas pris des formes, mais pour sûr, elle aurait pris des couleurs et serait en pleine forme.

Connaissant les critères d'Octavie pour son prochain logement (fourchette de prix, superficie souhaitée, ...) Rose se mit au travail dès le soir même. De son côté, se sentant un peu revigorée par le retour de son amie, Octavie fit le vide dans sa tête, reléguant au second plan les déboires essuyés jusqu'ici et prête à repartir sous de nouveaux auspices avec les bénédictions que Rose lui apportait par l'icône de Notre Dame d'Espagne.

Deux jours plus tard, Octavie rouvrit ordinateur et agenda pour la poursuite du fastidieux travail de recherche de logement. Cette pause lui avait fait du bien. Rassérénée, elle nota de nouvelles adresses, elle était déjà rodée à cette partie de la recherche immobilière. Après quoi, elle téléphona par ci et par là pour prendre des rendez-vous de visite des lieux, la routine en un mot. Elle fit des messages pour demander une information qui n'était pas mentionnée. Les résultats seront probants cette fois, avait promis Rose et elle y croyait.

Aux mêmes causes les mêmes effets. Le credo des propriétaires et agences immobilières avaient recommencé à être les mêmes : « on vous contactera la semaine prochaine ». Bien avant le septième jour, on l'appelait pour lui annoncer que les lieux sollicités étaient déjà loués, si non qu'il y avait d'autres visites à faire. Ce manège finissait par bien porter son nom ; il la faisait tourner en rond. Elle avait expliqué en vain à Rose qu'elle croyait que les propriétaires devenaient de plus en plus xénophobes. Bien sûr, elle ne la croyait pas. Les comportements racistes ne se criaient pas sur tous les toits, ils étaient subtils, sournois, il fallait les vivre pour s'en apercevoir.

Rose avait promis de « faire quelque chose ». Elle avait rangé les plaintes d'Octavie dans la rubrique « suspicion ». Aux termes de ses premières recherches, elle avait pris rendez-vous pour visiter un appartement à la rue des Chevaux et demanda à Octavie de venir avec elle afin d'apprécier par elle-même.

- Bonjour Monsieur, répondit Rose dans l'interphone. C'est pour la visite de l'appartement.

- Ne bougez pas, je descends.

Monsieur Dumont, propriétaire et occupant de l'appartement qu'il mettait en location à la fin du mois pour aller vivre dans sa nouvelle acquisition, dévala en quelques enjambées l'escalier des deux étages et vint à leur rencontre. En ouvrant la porte du hall d'entrée, il tendit la main à Rose en disant :

- Bonjour, c'est vous qui voulez l'appartement ?

On prend les mêmes et on recommence. Pensa Octavie. Cela avait été pareil pour la visite avec Marie. Le propriétaire face à une noire et une blanche, choisit d'ores et déjà son futur locataire. Ce qu'il ne savait pas, c'est que les deux amies avaient monté un petit scénario qui fera d'Octavie le locataire définitif.

L'appartement n'était pas du goût de Rose : les chambres mansardées ; l'escalier y menant béant sans rambardes, sans esthétique ; le balcon minuscule et mal entretenu ; le jardin commun à douze familles de l'immeuble. Elle consulta du regard Octavie pour savoir si elle devait ou non poursuivre la visite. Avec plusieurs refus à son actif, Octavie baissait en exigence. Cet appartement n'était pas l'idéal, mais il pourvoyait à l'urgence. Avec une bonne touche de décoration, elle le rendrait plus agréable à vivre. Un signe de la tête et Rose comprit qu'elle pouvait continuer. Elle se retourna vers le propriétaire et dit comme elles s'étaient entendues :

- La maison ne me convient pas. Mais mon amie ici présente est aussi à la recherche d'un logement et en est peut-être intéressée ? hein, qu'en dis-tu Octavie ?

- Oui, ça peut aller pour moi, répondit-elle en se tournant vers Monsieur Dumont.

Un rictus remplaça le sourire sur le visage crevassé de celui-ci. Il a dû être victime dans son enfance d'une varicelle mal soignée ayant laissé des cicatrices indélébiles sur tout son visage, ce qui lui donnait un air vieillot malgré sa voix claire, et son physique d'athlète. Le reste de la visite fut bâclé. C'est sans entrain qu'il continua de présenter les autres pièces. Il nota les coordonnées d'Octavie, promit de la rappeler après qu'il en aura parlé avec son épouse. Il se souvenait subitement qu'il devait en parler avec sa femme. Tant qu'il croyait que c'est Rose l'intéressée, il pouvait se passer d'en parler avec sa femme. Était-il de bonne foi ? Ce propriétaire comme les autres, servaient sur des plateaux en or des arguments pour alimenter des thèses complotistes, pour alimenter des soupçons d'étranger *bashing*.

Avant de se quitter, Rose et octavie avaient fait des détours par les petits chemins, par d'autres ruelles et quartiers où elles avaient relevé de nouvelles adresses : l'offre de location ne manquait pas ! Rose avait réitéré combien elle était confiante dans cette recherche. Elle savait qu'il fallait entretenir le brin d'optimisme qui restait encore chez son amie.

L'attente de la réponse de Monsieur Dumont fut de courte durée. Pourquoi nourrir d'illusion les espoirs d'un locataire dont on savait d'office qu'on n'en voudrait pas ? Pourquoi attendre une semaine avant de communiquer une réponse qu'on avait à l'avance ? Vingt-quatre heures plus tard, Monsieur Dumont appela Octavie pour lui annoncer que l'appartement avait été loué à un commissaire de police. « N'importe quoi ! » pensa-t-elle en coupant net le téléphone sans écouter le reste. Maintenant c'était un petit jeu auquel elle se livrait : couper la communication dès qu'elle comprenait qu'elle devait s'adresser ailleurs. Elle n'écoutait plus les formules de politesse superficielles et les explications mensongères que certains cherchaient encore à donner peut-être pour se faire bonne conscience. Cela lui donnait un goût de revanche.

Informée de ce refus, Rose ne fut nullement ébranlée dans sa conviction qu'il devait y avoir un logement pour chacun partout dans le monde. Elle poursuivit ses recherches et c'est ainsi qu'elle prit rendez-vous avec l'agence immobilière Oméga et appela aussitôt Octavie.

- Cette fois, c'est du sérieux ! Dit-elle d'emblée. Nous avons rendez-vous dans deux jours avec l'agence immobilière Oméga. Nous allons bétonner le dossier. Je me mets comme garant et j'apporterai tout le nécessaire : photocopie de mes trois derniers bulletins de paie, etc.

- J'ai tellement dit « merci » depuis cette recherche de logement que je ne sais plus quoi dire. Il y a un dictionnaire qui s'appelle Robert, il doit trouver un mot plus fort que ça.

- Alors, ne dit rien. Je comprendrai. J'ai des courses à faire. Mes chats n'ont plus rien à manger.

- Fais-les sortir ! Il y a plein de souris et de musaraignes dans les champs, ils vont s'en régaler, je te promets.

- Non, ils ne vont jamais les manger. Ils vont les apporter dans la maison comme trophée et jouer avec. Après j'aurai des souris à la maison.

- Des souris dans une maison avec des chats ? Tes chats ne se nourrissent plus de souris parce que tu es en train de changer leur régime alimentaire. Lis la composition de ces aliments pour chat. Je le fais souvent dans les supermarchés par curiosité. Il y en a aux carottes, aux petits pois, aux légumes ; demain vous aurez des chats herbivores. Enfin, je ne cherche même plus à vous comprendre.

- Moi, si ! Je te comprends. Nous n'avons pas le même rapport aux animaux. Le sujet n'est pas expurgé, nous en reparlerons. Pour le moment, je vais y aller. Rendez-vous pris dans deux jours ?

- Oui, Oui ! Fais de bonnes courses.

En attendant, Octavie avait décidé une fois de plus de s'accorder un autre moment de répit. Durant les deux jours qui la séparait du rendez-vous ferme pris par Rose, elle ne pensera plus aux maisons, ce sera : boulot, dodo ; subsidiairement des cours qui avaient depuis longtemps pris la qualité de variables d'ajustement des dossiers de logement, de boulot, de tout.

Cet après-midi-là, elle était allée voir à quoi ressemblait le Centre Plait-à-Dieu dont lui avait parlé Blaise et les premières impressions étaient bonnes. La vue extérieure cochait quelques cases dans ses attentes : les bâtiments étaient nouvellement rafraîchis ; les bancs publics scellés sur le béton qui recouvrait la devanture étaient bien exposés au soleil ; le petit jardin latéral était aussi bien entretenu : c'était un bon point. D'après le rapprochement des fenêtres, on soupçonnait que les chambres et les appartements n'étaient pas très grands. N'était-ce pas la règle pour la gente estudiantine ? Elle réalisa qu'elle cherchait des excuses pour ne pas faire la démarche auprès d'un centre qui avait pour fonction de loger des étrangers. Et ça, ce sont des préjugés, conclut-elle. Elle savait qu'elle ne pouvait pas jouer aux difficiles et se promit de revenir rencontrer les responsables même en trainant les pieds.

Elle feuilletait pour la $n^{ième}$ fois son dossier de demande de logement destiné à l'agence Oméga en tripotant distraitement son téléphone quand il se mit à sonner. Elle glissa rapidement les feuilles dans leur farde avant d'activer l'appareil.

- Allo Rose ?

- Oui Octavie, je suis devant chez toi. Tu n'as pas oublié la visite de ce jour ?

- Non, non ! Je suis prête dans cinq minutes, mais tu peux monter, il fait plus chaud à l'intérieur.

- Je préfère t'attendre ici. Ne traîne pas.

Sur ce, elle se rafraîchit le visage, se donna un peu de couleur, chaussa des bottes, attrapa manteau, sac à main, attaché case de dossiers et dévala les escaliers jusqu'à l'entrée principal de l'immeuble où Rose l'attendait en grillant une cigarette.

- Bonjour ! Dit Octavie en se jetant dans les bras de son amie avec une moue de désapprobation.

- Bonjour, répondit-elle en éloignant la main qui tenait la cigarette.

Rose avait compris le message que lui envoyait son amie par cette moue de désapprobation : la cigarette ! Après les embrassades, Rose tira encore quelques bouffées de fumées avant d'éteindre et de jeter le mégot dans l'extincteur de cigarettes prévu à cet effet et encastré dans le mur de l'immeuble. Puis, elle se dirigea vers sa voiture garée non loin de là en tenant octavie par la main. Elle avait toujours un geste maternel envers son amie et celle-ci ne se faisait pas prier. Elle ouvrit la voiture côté passager pour Octavie avant de prendre place derrière le volant.

- Prête ? On y va. Rassura Rose en penchant la tête vers Octavie en souriant.

- Je suis prête à affronter le plus féroce des animaux de la forêt peuplée de redoutables propriétaires. Répondit Octavie en lui rendant son sourire, avant de continuer.

- J'imagine que cela n'a pas été facile pour toi de te libérer en ce moment. La fin de journée est l'heure du rush chez vous.

- C'est vrai. Mais il faut savoir compter sur ses collègues, et c'est ce que j'ai fait. Dis-moi, comment vas-tu ?

- J'ai de quoi me plaindre, mais je garde un bon moral. Je n'ai pas eu beaucoup de temps de m'appesantir sur mes déboires de recherche de logement. Hier soir, nous étions chez un compatriote dont la femme vient d'arriver du pays. C'était la fête.

- Je vous envie. Dit Rose en tapotant l'adresse dans le GPS. Tout est occasion de festivité chez vous : les naissances, les mariages, les baptêmes, les arrivées, les départs, les deuils.

- Surtout les deuils, plaisanta Octavie. La mort est définitive. Après les pleurs, il faut bien accompagner le défunt.

- Attend, l'arrêta Rose en levant la main qui ne tenant pas le volant. L'agence Oméga n'est pas loin d'ici, continua-t-elle, en décryptant les messages que donnait l'appareil. Nous y serons dans six minutes. Si tu as l'appartement, cela sera facile pour le déménagement. Mets les pièces que tu as dans la farde qui est dans la boîte à gants.

- Déménager ici chez vous, c'est la croix et la bannière. Cette fois, j'ai la chance de pouvoir compter sur une amie qui a une fourgonnette ; ta voiture aussi a une grande malle arrière. Je vous appellerai à mon secours le moment venu.

Après quelques « tournez à droite, tournez à gauche, prenez la deuxième sortie, prenez la première sortie », ce fut : « vous êtes arrivés ! » de la voix monocorde du GPS, que Rose rangea dans la boîte à gants en prenant en même temps le dossier « bétonné » à remettre à l'agent immobilier. Elle disposa le disque de stationnement et ouvrit la bouche pour dire quelque chose, les mots restèrent dans sa gorge, Octavie venait de claquer la portière de la voiture et traversait déjà la chaussée. Elle la suivit d'un regard amusé et lui fit signe de l'attendre quand celle-ci se retourna. L'agence Oméga était à quelques encablures de là et l'agent de service les y attendait.

Pour un bureau chargé de gérer des maisons, celui-ci n'avait pas fait dans la dentelle : c'était grand, un *open space* comme se présentaient de plus en plus les bureaux maintenant. Des bacs de plantes, remplaçant les murs de séparations entre trois collègues, étaient posés sur un sol bien astiqué. Octavie pensa avec nostalgie au bureau qu'elle avait quitté dans son pays pour se lancer dans cette aventure qui n'en finissait pas en rebondissement. C'était un bureau aux dimensions normales, tout aussi cossu, et à elle seule. C'était la période où chacun avait son bureau, chacun avait la clé de son bureau, le bureau était un espace presque privé.

- Bonjour, dit le gérant en réponse au salut des arrivantes. Prenez place. Il tendit la main vers les trois chaises en face de son bureau.

Rose tira une chaise pour Octavie, pris place à côté d'elle et sans plus attendre, tendit la farde de documents que lui avait demandé l'agent immobilier : trois derniers bulletins de paie du futur locataire et ceux du garant, copie recto-verso de leur carte nationale d'identité, lettre d'engagement rédigée par le garant. S'étant portée garant cette fois, elle avait agrafé au dossier sa carte de visite pour ne laisser planer aucun doute. L'agent immobilier n'en finissant pas de lire, de tourner et de retourner les documents, Rose dit, pour rompre le silence qui devenant pesant et se remplissait de sous-entendus.

- Comme je vous ai dit au téléphone, je me porte garant. Si vous avez une question …

- Non, tout va bien. Coupa l'agent immobilier. Procédons à la visite des lieux. Nous vous donnerons la réponse la semaine prochaine.

Hum, ça commence bien, pensa Octavie en lançant un regard interrogateur vers Rose qui fit semblant de n'avoir rien entendu, rien vu.

- Vous pouvez donner votre réponse juste après la visite, dit Octavie déjà sur la défensive. Et d'ici la semaine prochaine, qu'est-ce que nous faisons ? Nous continuons à cherchons ou nous attendons sagement votre réponse ?

Elle trouvait l'attitude de ce Monsieur un brin désobligeant et avait entendu tellement de « Nous vous donnerons la réponse la semaine prochaine ». Pour elle c'était devenu synonyme de « vous n'êtes pas la bienvenue ici, cherchez ailleurs ».

- Nous avons programmé d'autres visites d'ici là. Ce sera au propriétaire de faire son choix en fonction de tous les dossiers que nous lui remettrons.

- C'est quoi votre rôle en tant qu'agent immobilier si c'est le propriétaire qui devrait faire le choix final ? Si après cette visite, l'appartement me convient, vous avez mon dossier complet entre vos mains. Sur quels autres critères allez-vous vous baser pour accorder l'appartement à un locataire qui se signalera la semaine prochaine et non à moi qui suis preneuse dans l'immédiat ?

- Si le prochain visiteur a par exemple trois mille euros de salaire, vous conviendrez avec moi que sa demande sera privilégiée.

- Vous conviendrez aussi avec moi qu'une personne avec un revenu mensuel de trois mille euros ira chercher à se loger ailleurs.

- Nous vous attendons dehors, coupa Rose en entraînant Octavie.

- On y va, dit l'agent en se levant de son fauteuil en cuir. C'est par ici, continua-t-il en fermant à clé la porte du bureau derrière lui avant de s'engager sous une passerelle presque dissimulée par d'autres bâtiments.

L'appartement en question était au premier étage d'un ancien immeuble, à cinq minutes de marche de l'agence. A dire vrai, ce n'était pas un appartement de deux chambres à coucher comme indiqué dans l'annonce. C'était un studio d'une chambre à coucher et un minuscule local pouvant à peine contenir une table de bureau et une chaine que l'appétit insatiable des propriétaires et agences immobilières avaient érigé en seconde chambre à coucher. Par pis-aller, Octavie dit qu'elle était intéressée par l'appartement. Il lui en fallait un. Presque tout était prenable tant que cela mettait un terme à ce travail éprouvant de recherche de logement. On dirait qu'il était aujourd'hui plus facile de trouver une place dans le ciel que de se loger en Belgique.

L'intérêt qu'elle portait pour la maison importait très peu. Elle n'en était pas emballée, convaincue que le propriétaire sera tout aussi peu emballé de lui accorder le bail. Cette pensée la fit sourire. Après la visite, elle connaissant par cœur la suite de la procédure. Quand quelqu'un était inculpé, on disait : « vous avez le droit de garder le silence, tout ce que vous direz pourra être retenu contre vous, vous avez le droit d'avoir un avocat, bla bla bla ». Quand vous étiez dans la recherche de logement et que cela ne s'annonçait pas bien pour vous, c'était « nous avons encore quelques visiteurs à recevoir, nous avons vos coordonnées, nous vous tiendrons informés dès que possible, bla bla bla ».

Une semaine plus tard, Octavie téléphona à Rose pour lui faire part de sa nouvelle décision de cesser cette recherche infructueuse. Cela prenait sur son temps, ses forces physiques et mentales, ses revenus, tout cela pour rien. Comme elle avait aussi mené des recherches de son côté, Rose avait compris que tout allait bien dans ses échanges téléphoniques avec les propriétaires et les agents immobiliers qu'elle avait contactés jusqu'à ce que ceux-ci comprennent que le candidat pour lequel cette blanche roulait était un black. Alors les rendez-vous s'escarpaient, les portes se refermaient tout doucement et définitivement.

- Oui Octavie, tu as raison d'être découragée. Depuis le temps que tu cherches un appartement. Je ne comprends que dalle aux comportements de ces propriétaires. Il faut certes encadrer les contrats, mais ici, ce sont des barrières. Avec mon analyse, je pense qu'il y a une autre raison à l'origine de ces refus systématiques que tu essuies. Je... mais je crois que cela frise le racisme, n'ayons pas peur des mots.

- Tu as raison, j'en fais les frais. Je me suis refusé à voir la situation comme telle en essayant de me convaincre que jusqu'à présent, j'ai eu à faire à des exceptions. Comme tu aboutis à la même conclusion, je ne sais plus que faire, je ne sais plus à quel saint me vouer.

- C'est vrai, tu sais, dans une société, il y aura toujours des personnes réfractaires aux changements et les raccourcis sont vite fait vers les amalgames entre ceux qui ne veulent pas simplement être bousculés dans leurs habitudes parce qu'ils ont peur de l'inconnu et ceux qui ne veulent pas simplement d'étrangers. Ne t'inquiète pas plus que ça. Nous allons trouver quelque chose pour toi.

- Tu es indulgente. La société devient malade, la psychose gagne les gens et les gangrène. Quand est ce qu'on se voit ? Je vais te raconter d'autres aventures que j'ai rencontrées dans cette recherche de logement. Je te garantis qu'il y a eu des situations cocasses : il y a par exemple un cas où après la visite des lieux, on me dit que l'appartement a été loué ; une semaine plus tard, le même appartement est encore sur le site. De là à penser que les propriétaires des biens immobiliers se sont donné le mot d'ordre : « black dégage ! » Il n'y a qu'un petit pas que je ne leur ferai pas le plaisir de franchir.

- Pas de conclusion hâtive, Octavie. Je ne suis pas certaine qu'être un « bleu blanc belge » serait une condition suffisante pour avoir les clés d'un appartement. Je passe te prendre demain après-midi ? Nous irons faire un tour au centre commercial. On prendra un bon café, une bonne glace, tout ce que vous voudra.

- Rendez-vous pris ! Répondit Octavie qui avait retrouvé sa bonne humeur à l'idée de faire autre chose que chercher une maison, surtout de faire des tours au centre commercial. Nous ferons aussi du repérage en identifiant ce qui peut nous intéresser dans les magasins, ce sera bientôt les soldes. Pour terminer la journée, nous irons nous promener du côté de Luvan-Plage. C'est très beau, tu verras : la commune y a versé du sable, planté des palmiers artificiels mais plus vrais que nature, il y a même des bassins d'eau. L'ensemble est bluffant. Avec un peu de soleil, on est tout simplement au bord de la mer.

- Je m'en réjouis d'avance. Ce sera le prolongement de mes congés à la mer. A demain.

- A demain.

Octavie avait pris la ferme résolution de ne plus chercher de nouveau logement. Pour le moment, elle habitait bien dans un appartement où elle se plaisait bien du reste. Elle n'était pas en guerre avec son bailleur ; il lui avait dit qu'il récupérait l'appartement pour une histoire de famille comme il en existe partout. Elle demandera à l'épouse du bailleur avec qui elle s'entendait bien de négocier encore en famille afin de lui obtenir une autre prolongation de bail. Elle était correcte au niveau du loyer et autres charges locatives.

Il était temps, pensa Octavie qu'elle recommence à voir la vie comme elle est. La vie n'était pas manichéenne, elle n'était ni complètement noire, ni entièrement blanche. La vie était entre autre ponctuée de soucis de santé qui vous conduisaient pour des séjours plus ou moins long dans des centres hospitaliers, vous invitant à une pause forcée. Au-delà des incertitudes de la vie d'immigrée en Europe, celle-ci était comme toutes les autres. Elle pouvait être normale, réserver des surprises bonnes ou mauvaises, son cours pouvait basculer d'un côté comme de l'autre. Entre tout, le rêve de tous étant de se trouver au bon endroit, au bon moment.

GUERE DES CHEFS

Octavie sentit ses yeux picoter, elle tenta de les ouvrir en vain, ses paupières lui pesaient et se refermaient aussitôt. Ses esprits oscillaient entre le vide, l'envie de ne jamais reprendre conscience et celle de savoir ce qui se passait. Elle replongea dans un sommeil bienfaiteur pendant un quart d'heure, une heure ou deux ? Elle ne pouvait s'en souvenir. Dans cette léthargie, elle sentit à nouveau l'envahir cette envie d'ouvrir les yeux et de bouger. Avec précaution, comme si elle craignait ou redoutait déjà le spectacle qui l'attendait de l'autre côté de sa vision, elle ouvrit les yeux une fraction de seconde et les referma aussitôt. Le monde tournoyait autour d'elle, même les yeux fermés ! Elle avait des étourdissements et son crâne lui faisait mal au rythme des questions qui y affluaient : où suis-je ? Que m'est-il arrivé ? Etc... Après quelque temps, elle réussit à ouvrir et à maintenir ses yeux ouverts. Elle tenta de pivoter sur le côté pour se relever en prenant appui sur son coude, la douleur qui fusa de sa cheville gauche à son cerveau termina de la réveiller, de rafraîchir sa mémoire et d'apporter des réponses à ses questions.

C'était donc cela ! Elle était allongée dans un lit de l'hôpital où elle avait été internée pour une opération à la cheville. Les deniers moments dans le bloc opératoire avant le black-out suite à l'anesthésie générale lui revinrent à l'esprit : elle se souvenait des deux personnes en blouse blanche penchées au-dessus de son brancard. Pendant que l'une d'elle, après lui avoir collé des espèces de ventouses sur la poitrine et le dos, lui avait mis un masque sur le nez en expliquant que c'était pour augmenter l'oxygène dans ses poumons avant l'opération. Il était très professionnel, rassurant le malade en accompagnant ses gestes de commentaires. Ce n'était hélas pas le cas de son acolyte qui avait brutalement secoué les fils qui la reliaient à une perfusion en ricanant : « voici le tuyau de la mort. Vous ne voyez pas encore double ? » Quel réconfort de la part d'une personne du corps médical et qui plus est chargée d'accompagner le malade à un moment aussi crucial que celui de l'immobiliser pour une intervention chirurgicale ? Il n'avait pas la capacité d'apprécier son travail, d'apprécier la confiance mise en lui par ses supérieurs, par les malades. Il n'avait pas compris que les malades livrés à ses mains de terroriste étaient déjà moralement et physiquement affaibli pour entendre des paroles aussi morbides.

Allongée sur ce lit d'hôpital, Octavie se dit qu'elle n'était plus à une menace prête ! Elle était bel et bien réveillée maintenant, le méchant anesthésiste n'avait pas réussi à ébranler sa foi en la vie. Sur cette pensée, elle tenta difficilement de se retourner pour chasser cette image de son esprit.

Clouée ainsi sur son lit d'hôpital, il était inévitable qu'elle ne repassât en revue pour la millième fois son cursus. C'est plus le volet professionnel qui l'intéressait parce qu'elle se sentait un peu à la croisée des chemins. A quel autre exercice pouvait-elle se livrer ? Méditer sur ses faiblesses, ses forces, ses espoirs et désillusions, sur tout ce qui avait entravé, favorisé et jalonné son intégration professionnelle en Europe était en passe de devenir son activité principale, tant elle se sentait inutile et désœuvrée.

Son plan A fonctionnait encore, mais pour combien de temps encore ? Elle travaillait comme *jobiste salariée* et cela ne causait pas de problème, ses prestations étant appréciés et tout le monde fermait les yeux sur ses horaires parce que, à la demande du chef, elle pouvait excéder son quota horaire journalier.

Elle avait trouvé dès les premières années un emploi différent de ceux qu'exerçaient ses camarades d'infortune (ménage, jardinage et autres travaux manuels), et cela lui avait réussi jusqu'à ce jour. Les travaux de ménage qu'elle faisait étaient au black et servait à « mettre de l'huile dans les épinards » comme on disait ici, à arrondir les fins de mois.

Aujourd'hui, sur son lit d'hôpital, elle repensait au jour où tout avait basculé dans cette belle aventure. Elle avait fait les frais d'une guerre de chef, tant est vrai le dicton africain qui dit que, quand les éléphants se battent, c'est l'herbe qui souffre. Elle avait été l'herbe qu'un éléphant dans sa bataille d'égo avait écrasé, avait piétiné, pour assouvir sa vengeance. Elle avait travaillé pendant plus de six ans dans cette structure universitaire en tant que jobiste. Des pseudos contrats renouvelés tous les six mois la rendaient du coup invisible sur l'échiquier des travailleurs. Il n'y avait pas lieu de s'en inquiéter parce que son mentor, Monsieur Longuy, lui avait promis un engagement définitif pour bientôt. Il avait sous-estimé combien était âpre, cruelle une guerre de chef où tous les coups sont apparemment permis, peu importât ceux qui les recevaient. Elle se remémorait : ce jour-là, en prenant la pile de dossiers à traiter que lui tendait Monsieur Longuy, directeur de la section qui l'employait, à l'université libre de Luvan, elle lui dit :

- Bonjour Monsieur, comme vous me disiez, j'ai appris qu'il y a deux postes qui vont bientôt se libérer dans votre service pour départ en retraite. Je peux postuler, ce sont des personnes avec qui j'ai travaillé. Je connais assez bien leurs tâches.

- Oui, fais-le sans tarder d'autant plus que Madame Dany que tu remplaces actuellement nous quitte également l'année prochaine. Tu es immédiatement opérationnelle à tous ces postes. Les demandes doivent être introduites par courrier électronique, toutefois, dépose une copie au service du personnel, chez Monsieur Kankan. Nous avons réunion lundi prochain. Tu as toutes tes chances, ne te fais pas de soucis.

- Merci Monsieur !

- Il n'y a pas de quoi me remercier. Tu travailles bien et tout le monde t'apprécie. Reviens prendre cette pile de dossiers quand tu auras terminé ce que je viens de te donner. La fin du mois approche et je dois arrêter les comptes.

- D'accord ! Dit Octavie en sortant du bureau du directeur, sourire aux lèvres. Elle avait envie de chanter, de crier son bonheur. Ce n'était plus qu'une question de jours. Elle ne sera plus la jobiste que l'on balance à gauche et à droite pour parer aux urgences. Tout bien analysé, cela n'avait pas été plus mal d'aller d'un service à un autre. Aujourd'hui, elle avait acquis une bonne polyvalence dans presque tous les domaines de la boîte.

- Enfin ! Pensa-t-elle en s'installant devant son ordinateur, prête à faire exploser la tour, déterminée à traiter tous les dossiers avant que le directeur ne se soit retourné. Cela faisait six ans qu'elle attendait ce moment. Son heure était en train de sonner : un tel contrat de travail et dans quel organisme ! Un département universitaire, excusez du peu.

Elle pourrait compléter le dossier de regroupement familial et faire venir ses enfants en Belgique. Le regroupement familial était le premier projet que les *mbenguiste* n'exposaient jamais. C'était un contrat *intuitu personae* avec soi-même, géré dans le secret total. C'est quand il aboutissait qu'on en parlait, qu'on répondait à demi-mots aux questions indiscrètes de ceux qui étaient sur la ligne de départ ou pris quelque part dans les filets de cette nasse qu'était le parcours du regroupement familial. Personne n'était dupe, on savait que le fin mot de la réussite du dossier de regroupement familial ne sera pas dévoilé. Il y avait de l'angélisme dans les questions, mais pas de la naïveté.

De retour à la maison, elle avait soigneusement préparé sa demande d'emploi. Le lendemain, suivant les consignes de Monsieur longuy, elle se présenta au bureau de Monsieur Kankan.

- Bonjour Monsieur, dit-elle après avoir frappé tout doucement sur la porte entr'ouverte du bureau.

- Levant la tête de ses dossiers, Monsieur Kankan l'invita à prendre place, répondit à sa salutation et s'enquit de sa visite.

- C'est pour vous remettre un double de ma demande d'emploi pour l'un des postes qui seront bientôt vacants. Dit Octavie en lui tenant une farde.

- Ce n'est pas moi qui reçois les demandes d'emploi, trancha Monsieur Kankan. Voyez cela avec Monsieur Ledoux.

- Excusez-moi pour le dérangement, dit poliment octavie avant de s'en aller.

- Le bureau de Monsieur Ledoux étant dans le même couloir, elle s'y précipita avec sa farde que Monsieur Kankan n'avait même pas touchée. Elle constata qu'il était absent et fut renseignée par sa secrétaire qu'il sera là le lendemain. Octavie insista pour qu'elle la prévienne dès qu'il sera là, ce qu'elle fit.

Quand sonna le téléphone, sa collègue Daniela répondit puis lui tendit le combiné :

- Octavie, c'est pour toi ! S'il te plait.

- Merci. Allo ? Continua-t-elle dans l'appareil.

- Oui, bonjour Octavie. C'est par rapport à ta requête d'hier. Monsieur Ledoux est disponible cet après-midi. Tu peux le rencontrer à quatorze heures.

- Oui, oui, merci. Je serai là. A tout à l'heure.

Elle raccrocha le combiné et se tourna vers Daniela :

- Voici une façon de faire et de parler bien à vous. Quand vous donnez quelque chose à une tierce personne, vous dites : « s'il te plait » ! Chez nous, c'est la personne qui reçoit qui utilise la formule de politesse.

Daniela esquissa un sourire en regardant Octavie comme pour dire qu'elle ne connaissait pas grand-chose aux coutumes africaines. Octavie saisit la balle au bond pour l'inviter à une soirée récréative organisée par une association regroupant des ressortissants de plusieurs pays africains sur le thème : « l'Afrique s'expose ».

- Huumm, une fête ! Dit Daniela en guise de réponse.

- Je vous invite tous, continua Octavie en se détournant de Daniela dont la réponse n'était pas convaincante. Je vous invite tous, redit-elle en levant le ton pour se faire entendre de tous ses collègues du *open space* qu'était leur bureau.

C'était un vrai paysager, leur lieu de travail. Les arbustes avaient si bien poussé que certains étaient aujourd'hui à taille d'homme. Pour recréer la nature, Octavie y avait même accroché des oiseaux en pailles.

- Venez découvrir l'Afrique, argumenta-t-elle pour vendre sa soirée récréative. Vous ne le regretterez pas. Nous organisons une exposition d'œuvre d'art d'Afrique et d'ailleurs en partenariat avec des associations d'étudiants belges. C'est moi l'initiatrice du projet, nous voulons vous faire découvrir notre savoir-faire en matière d'artisanat. Nous avons prévu des stands d'exposition et de vente où vous trouverez aussi du beurre de karité bio du Niger, la poudre des fruits du baobab du Burkina Faso, les bijoux du Sénégal, les batiks, plein de produits du Burundi, du Cameroun, etc. Il y aura aussi des groupes de danses du Rwanda et de l'Afrique du Nord, et la gastronomie.

- Quand je pars d'ici, j'ai une seule envie, me reposer, l'interrompit une voix au fond de la salle que son baratin sur les beautés de l'Afrique semblait plus ennuyer que susciter de l'intérêt.

- J'aimerai bien assister à cette exposition, avait répondu en écho une autre. Mais je n'ai pas le temps.

Ses collègues avaient fait des commentaires sur l'exposition. Tous ou presque manifestaient l'envie de visiter l'exposition, mais personne n'avait le temps. Cela confirmait ce qu'on savait de la vie professionnelle et sociale en Europe : elle était différente de celle du Cameroun, différente par exemple de la vie qu'Octavie connaissait, celle qu'elle avait abandonnée pour tenter de décrocher la lune en Europe. A la place de quoi, elle avait atterri sur métro-boulot-dodo. Au Cameroun, après le boulot, on allait rendre visite à telle personne qui a été malade, ou à telle autre qui a eu une naissance ou a été frappée d'un deuil, ou encore à telle autre qu'on n'a pas vus depuis quelque temps. La liste de ce qu'on pouvait faire après le boulot était inépuisable.

Son équipe et elle, les associations partenaires s'étaient investis à préparer cette exposition, le but étant de faire découvrir une autre Afrique, celle que ne montrent pas les médias en mal de sensation. Ils voulaient montrer son savoir-faire, fût-il artisanal ; leur développement, fût-il embryonnaire. Hors mis quelques curieux européens venus à l'exposition satisfaire leur envie de dépaysement et quelques étudiants belges à la recherche de sujet de leur prochain travail en anthropologie, ils s'étaient retrouvés entre eux, africains. Tant pis, ils avaient la fête comme d'habitude.

Vous m'étonnez ! Murmura Octavie en se replongeant dans son travail. La pause en Afrique était finie. En vivant ainsi renfermés sur eux, ne peut-elle s'empêcher de penser, ils sont étonnés d'avoir les nerfs à fleur de peau, de n'avoir personne à qui parler en dehors des heures de boulot. Travailler au Cameroun était une partie de plaisir et les activités extra-professionnelles étaient toutes aussi importantes que le travail. D'ailleurs, le travail de bureau était souvent caricaturé dans le langage en tant que « travail du blanc » ou « travail de l'Etat ».

A quatorze heures sonnantes, la secrétaire l'annonça au bureau de Monsieur Le Doux.

- Bonjour Monsieur dit Octavie en serrant doucement la main tendue du Directeur et en prenant place dans le fauteuil qu'il lui indiquait.

- Bonjour Madame, vous vouliez me voir ?

- Oui Monsieur. J'ai voulu déposer ma candidature pour l'un des postes qui vont bientôt se libérer ici auprès de Monsieur Kankan ; il m'a dirigé vers vous en disant que c'était vous le responsable du recrutement.

- Comment cela ? En avez-vous parlé à Monsieur Longuy. Je crois que les postes qui se libèreront relèvent de leur service à eux deux.

- Oui, c'est Monsieur Longuy qui m'a dirigé vers Monsieur Kankan qui devient directeur à son départ.

- C'est ainsi que je voyais aussi les choses. Comme cela ne semble pas être le cas, donnez-moi votre dossier, lumière sera faite à la prochaine réunion d'équipe. Y-a-t-il autre chose ?

- Non Monsieur, je vous remercie. Je ne comprenais plus rien. Je suis ballottée d'un bureau à un autre.

- Ne vous inquiétez pas, la rassura Monsieur Le Doux.

Il porte bien son nom, ne put s'empêcher de penser octavie en retournant à son poste. Quelques semaines plus tard, n'ayant toujours pas de nouvelles de son dossier, Octavie revint à la charge auprès de Monsieur Longuy pendant qu'il lui donnait du travail à faire. Celui-ci était considéré comme son parrain dans la société. Pour la taquiner, ses collègues la surnommaient « la chouchou » ou « la préférée » du directeur qui ne s'en cachait pas en disant que c'était une affinité de compétence.

- Monsieur, je suis perplexe face à l'attitude de Monsieur Kankan, il n'a toujours pas pris ma demande d'emploi et m'a orienté vers Monsieur Le Doux.

- Je ne comprends pas ce qu'il veut, ce Monsieur. A la dernière réunion de bureau, il a dit qu'il est préférable de recruter deux personnes à mi-temps pour le poste où je te voyais bien. Un contrat à mi-temps te conviendrait-il ?

- Bien sûr que oui Monsieur, je m'en satisferai.

- C'est aussi ce que je leur ai dit. Tu peux donc le confirmer auprès de Monsieur Kankan.

Le jour-même, Monsieur Kankan informa Octavie que les mi-temps ne correspondaient plus à son profil.

- Vous êtes surqualifiée ! Il faut aussi protéger les petits employés, lui dit-il.

En recrutant deux personnes à la place d'une, Monsieur Kankan l'avait accompagnée à la porte de sortie. Les compétences et les diplômes requis étaient revus à la baisse. D'où sa soit disant surqualification.

- J'ai élaboré un nouveau curriculum vitae en fonction du poste à mi-temps. Tenta Octavie.

- Ici, cela ne fonctionne pas comme cela ! Nous avons votre curriculum vitae initial et il est enregistré comme tel dans notre base de données. On vous contactera en cas de besoin.

Monsieur Kankan avait anticipé le départ d'Octavie. Un mois plus tard, elle était virée pour cause de "surdiplômée " ! Ne dit-on pas que quand on veut noyer son chien, on l'accuse de rage ? Elle avait travaillé pendant six ans ici, avec ces mêmes diplômes, en tant que jobiste, en tant qu'intérimaire qu'on envoyait à gauche et à droite pour remplacer à pied levé un absent, un malade, un départ en congé. Elle ne savait même plus ce qu'elle était, tant elle avait travaillé dans différentes sections avec la promesse qu'un jour elle sera confirmée quelque part. En six ans de travail à l'Université libre de Luvan, elle n'avait jamais été absente, elle n'avait jamais été malade, elle n'était jamais allée en congé. Elle travaillait toujours et toujours en espérant un jour passer de l'ombre où elle était confinée à la lumière qui la rendra visible sur l'échiquier du personnel. Pourquoi Ce Monsieur refusait-il de lui octroyer un contrat à durée indéterminée comme on le lui avait promis et que les planètes du reste étaient alignées en sa faveur ? Aucun employer n'était d'accord avec Monsieur Kankan, mais personne non plus ne lui avait dit ce qu'il pensait de son acte. On se contentait de le critiquer à voix basse. Une employée l'avait prise en compassion et lui avait discrètement révélé l'origine du refus de son recrutement : pendant qu'il avait encore les pleins pouvoirs, Monsieur Longuy n'avait pas confirmé la période d'essai d'une protégée recommandée par Monsieur Kankan. Aujourd'hui que c'est ce dernier qui reprenait les rênes du service, il faisait passer par pertes et profits tout dossier initié par Monsieur Longuy, donc celui d'Octavie. Elle se retrouvait au milieu d'un règlement de compte des chefs.

Ah oui ! Octavie se souvenait de cette période. Il y avait bien deux ans de cet épisode, si non trois. Monsieur Kankan avait en effet parachuté une dame qui était repartie après une courte période d'essai, son travail n'ayant pas été validé par Monsieur Longuy. Il était bien placé pour l'apprécier puisqu'elle travaillait sous sa responsabilité. Visiblement, l'affront était resté en travers de la gorge de Monsieur Kankan qui avait médité pendant ces années sur le diction « la vengeance est un plat qui se mange froid ». Il avait pris sa revanche aujourd'hui. Il avait renvoyé l'ascenseur, peu importât les dégâts collatéraux que cela occasionnait et dont elle faisait partie.

Octavie se dit que Monsieur Kankan aurait pu réfléchir plus que çà et trouver un argument mieux que celui passe-partout des diplômes. Il croyait avoir humilié Monsieur Longuy en ne la recrutant pas, c'était minable comme cause de satisfaction. Octavie se prit même de pitié pour Monsieur Kankan. Il avait souffert pendant plus de deux ans, il avait rongé son frein pendant tant de temps pour attendre l'opportunité de contrarier les désirs de son collègue et adversaire Monsieur Longuy. Aujourd'hui, c'était chose faite, grand bien lui fasse. Pouvait-on vraiment être content de soi, se regarder le matin dans sa glace sans remords en sachant qu'on avait brisé le rêve d'une personne innocente dans un conflit d'égo ?

Monsieur Kankan avait déchiqueté un poste qui existait depuis la création de cette structure pour ne pas confirmer sa demande. Son seul pécher à elle, continua de penser Octavie, était que son travail fût apprécié par Monsieur Longly. En recalant son dossier pour cause de diplôme, Monsieur Kankan n'était pas amnésique. Avait-il oublié que tous les bureaux dans cette structure, dont le sien, étaient nettoyés par des étudiants doctorants ? Que chaque fois qu'il commandait un sandwich, un café, un repas dans un restaurant, de la préparation au service à table, qu'il y avait derrière les mains d'un diplômé ? Comme quoi, en Belgique et peut être partout en Europe, on n'était pas surqualifié pour les travaux de nettoyage ou d'horeca !

Elle fut interrompue dans ses pensées par les bruits sourds d'un remue-ménage se déroulant dans les couloirs de l'hôpital. Les distractions n'y étant pas légion, était bienvenu tout ce qui pouvait distraire le malade de sa douleur. Elle n'avait pas de voisin de chambre avec qui parler. En remplissant le formulaire d'admission, elle avait coché la case « chambre à lits multiples » et se retrouvait dans une chambre à deux lits ! Une chambre à deux lits ici était donc considérée comme chambre à lits multiples ; pensa-t-elle en essayant encore de se tourner en étouffant un gémissement. Comme elle ne parvenait ni à voir ni à comprendre ce qui se passait dans le couloir, elle ferma les yeux et tenta de dormir en appuyant plusieurs fois sur sa pompe à morphine. C'était ce qu'il y avait de mieux à faire ici : dormir. Son esprit alla de sa chambre à lits multiples où elle était couchée et s'envola vers la chambre à lits multiples dans un hôpital du Cameroun où elle était allée rendre visite à une amie un soir après le boulot : c'était une grande chambre, il y avait seize lits, huit à gauche, huit à droite séparés par un couloir pour laisser passer le chariot du corps médical. C'était ça une chambre à lits multiples.

En attendant le sommeil qui tardait à l'envelopper, elle rouvrit les yeux et passa en revue sa chambre. Tournant la tête vers la fenêtre, Octavie constata que l'après-midi touchait à sa fin en cédant la place au manteau pourpre du crépuscule, qui ne tardera pas à virer au noir, couleur qui rimera bien avec les fantômes de cet environnement hospitalier et les siens. Ensuite, les tentacules de la nuit se glisseront dans les coins et recoins, tentant avec le désespoir qui caractérisait ces lieux de recouvrir la souffrance des locataires qui se manifesteront par des gémissements par ci, des prières et des pleurs par-là, ou encore des incantations et de cris de démence. Chaque malade s'y prendra du mieux que cela pouvait soulager ses douleurs.

Elle continua de se concentrer sur tout ce qui l'entourait : les murs de sa chambre étaient d'une très belle déclinaison du vert. Elle n'avait pas été choisie par hasard. Elle se souvenait vaguement avoir entendu quelque part que le vert était une couleur calme, reposante ; et que c'était une des raisons pour lesquelles dans les écoles, le noir du mythique « tableau noir » était progressivement remplacé par le vert. Octavie continua son inspection : Les armoires dans lesquelles, la veille, elle avait entreposé ses vêtements et accessoires étaient spacieuses et propres. A ce moment-là, elle ne s'était même pas rendu compte de leur existence, tant elle faisait les choses machinalement, pris dans la tourmente et la peur de ce qui l'attendait le lendemain. La tablette de nuit, produit tout droit sorti des laboratoires de recherche du bien-être des malades, était une combinaison de frigidaire, de tiroirs, de table à manger et autres gadgets dont Octavie ignorait l'utilisation. Les draps qui la recouvraient étaient d'un blanc immaculé. L'ensemble était tout simplement du haut de gamme, très loin des derniers souvenirs d'hôpitaux de son pays. Aux dernières nouvelles de ce côté-là, les choses évoluaient dans le bon sens. Si Paris ne s'était pas construit en un jour comme on disait, est ce que ce sont les hôpitaux de chez elle qui sortiraient de terre comme des champignons ? Le temps des miracles est révolu, se consola-t-elle. Quel dommage, conclut-elle, que pour bénéficier de tout ce confort dans l'hôpital, on n'était jamais dans des conditions psychologiques idéales pour apprécier ces investissements et les efforts du corps médical.

La vie du patient était rythmée par une équipe en blanc : du médecin à l'assistant social en passant par les infirmiers, les aides-soignants et autre personnel médical, chacun faisant strictement et de façon très professionnelle son travail. Certes, comme dans toute entreprise humaine, il ne manquait pas ici des fonctionnaires pour lesquels on pouvait se poser la question de savoir quelle avait été leur motivation en se faisant engager dans une profession requérant un peu plus que les qualités? Ceux-là étaient la « dent cariée qui pourrit toute la bouche », le « grain charançonné qui contaminent tout un sac de maïs ». C'était le cas de l'un des anesthésistes qui l'avait accompagnée à la salle d'opération. Ils véhiculaient une mauvaise publicité pour une noble profession. Pour les malades, il fallait plus que quelques brebis galeuses pour jeter l'opprobre sur ce service de sauveur de vie. Pour preuve, les cartes de remerciement que certains malades laissaient à leur chevet à la fin de leur séjour. Octavie avait demandé à Rose de lui apporter une carte, elle voulait dire toute sa gratitude au personnel médical qui s'était occupé d'elle, y compris l'anesthésiste brouillon.

Rose arriva ce jour-là sur la pointe des pieds, s'installa dans le fauteuil réservé aux visiteurs et sorti un journal de son sac à main. Elle n'avait pas ouvert la page qui l'intéressait qu'Octavie ouvrit les yeux et tenta de se redresser sur les coudes. Elle reconnut son amie et elles échangèrent un grand sourire.

- Ne bouge pas ! Intima Rose. Je vais m'asseoir ici près de toi, continua-t-elle en approchant du lit le fauteuil. Tu as l'air d'aller mieux qu'à ma dernière visite.

- Je suis contente de te voir. Hooo, tu m'as apporté tout cela, merci ! dit Octavie pendant que son amie rangeait pack d'eau, glace, et fruit qu'elle sortait progressivement de son sac à dos. Aïe, j'ai mal, surtout quand je bouge le pied.

- Qu'en disent les médecins ?

- L'orthopédiste est passé. Il est rassurant. J'ai compris entre ses mots que la faute est à mon seuil de douleur trop bas ? Qu'y puis-je ? Quand on a mal, on a mal.

- Ça va aller, tu vas voir. Rassura Rose. Ma belle-mère a fait cette opération, elle avait vingt ans de plus que toi. Tout s'est bien passé. Il n'y pas de raison qu'il en soit autrement pour toi.

- Je n'ai pas de crainte quant à l'évolution, c'est l'instant présent qui est problématique parce que j'ai mal. Le chirurgien qui m'a opéré bénéficie une grande réputation en la matière. Cela ne m'empêche pas de penser que si le paradis existe, je suis en train de faire un tour en enfer. Tellement cela me fait souvent mal. Heureusement qu'il y a cette pompe à morphine.

- Pas de sujet philosophique aujourd'hui, dit Rose en souriant. Elle était sûre qu'Octavie meublait son temps à l'hôpital en pensant à la vie terrestre, à la mort, à la résurrection et autres dogmes religieux. Tu as le bonjour de mes collègues. Tu sais qu'on t'aime bien chez nous, ton humour, ta joie de vivre contagieuse. Ca nous manque depuis que tu es hospitalisée. Certains ont promis venir te voir si tu ne sortais pas ces jours-ci et s'ils avaient un peu de temps.

- Huumm, le temps ! Vous n'en avez jamais. Combien de fois ai-je entendu cette excuse quand je travaillais au service financier de l'université libre de Luvan pour ne pas sortir de sa petite zone de confort qu'est le travail et la maison ?

- Au fait, que s'est-il passé là-bas ? Pourquoi n'as-tu pas été confirmée ? Tu étais pourtant très confiante.

- Oui, j'étais presque recrutée si je peux m'exprimer ainsi. La guerre des chefs. Mon parrain Monsieur Longuy, je t'ai beaucoup parlé de lui, prenant sa retraite, devait être remplacé par Monsieur Kankan avec qui les rapports ont toujours été difficiles. Monsieur Kankan a tout simplement mis fin à ma procédure d'engagement définitif ; il a brisé mes rêves. Même comme jobiste, il a refusé de me garder.

- Comment peut-on en arriver là ? Il y avait une si grande animosité entre eux ? Pour lui, t'apercevoir dans les bureaux le ferait voir le fantôme de son rival. N'en parlons plus. Tu trouveras quelque chose de mieux ailleurs. C'est le moment de croire à l'un de tes préceptes fétiches : quand une porte se ferme, Dieu en ouvre une autre.

- Tu le dis si bien, c'est du fétichisme. Ajouté à cela nos prédispositions au magico-religieux. C'est de l'ordre de la foi et on y croit ou pas.

Rose était restée pour le grand plaisir d'Octavie, jusqu'à la fin des heures de visite. Elles avaient parlé de plusieurs sujets, dont sa sortie prochaine d'hôpital. Rose avait promis qu'elle viendra la ramener à la maison.

JOB, JOB, JOB

Cela faisait quelques jours qu'elle continuait sa convalescence chez elle quand elle sursauta et sortit de sa torpeur, réveillée par la stridente musique de la sonnerie de la porte d'entrée.

- Hello Tity, c'est ouvert ! Elle parlait à travers l'interphone tout en actionnant les différentes touches pour déverrouiller la cage d'escalier et la porte d'entrée de son appartement. Le bruit des pas qui se rapprochaient n'étaient pas ceux d'une seule personne. Tity était accompagné. De la visite en plus, ce n'est pas plus mal, pensa Octavie en entrebâillant la porte.

- Bonjour Octavie, lança Tity sur le seuil de la porte. Tu as bonne mine. Je te présente Pierre, un de tes jeunes compatriotes

- Bonjour, répondit Octavie en refermant la porte derrière ses visiteurs et en les invitant à continuer dans le séjour. Il y a quelques chaises libres, prenez place s'il vous plaît. Ne vous occupez pas du désordre sur la table, continua-t-elle en entassant livres, cahiers, dictionnaires et autres fournitures scolaires éparpillés sur la table et sur certaines chaises. J'essaie de rattraper les cours aux quels je n'ai pas assistés.

- Tu en as l'habitude. On ne te voit jamais aux cours, tu es dans les jobs dehors. Heureusement qu'on ne fait plus l'appel ici comme aux humanités. Tiens, voici le travail qu'il faut faire en économie, il est à remettre dans deux semaines.

- Bonne arrivée Pierre, dit Octavie sans relever les remarques de Tity. Elle prit le document qu'il lui tendait et le glissa dans la farde intitulée « travail à faire ». Elle ne connaissait pas encore le nouvel arrivant, c'est pourquoi elle s'abstint de faire des commentaires personnels devant lui. Elle pensa que si au Gabon d'où était originaire Tity, on disait tout devant tout le monde, au Cameroun, il y avait une hiérarchisation de la parole. Dans un premier temps, on se limitait aux banalités, le temps de se familiariser, de juger le niveau de confiance qu'on pouvait faire aux nouveaux. Merci de ta visite, dit-elle en se tournant vers Pierre. Je suis souffrante ces temps-ci, mais cela va mieux aujourd'hui.

- J'ai entendu parler de vous et de vos problèmes de santé par mon collègue de bureau qui est le compatriote de Tity. Tity nous a informés hier qu'il viendrait vous rendre visite aujourd'hui, je lui ai proposé de me faire signe avant. J'ai eu un peu de temps libre et je me suis joins à lui. Ma philosophie est d'aller vers mes compatriotes quand je ne suis dans un pays étranger.

- C'est la solidarité des bamilékés du Cameroun, intervint Tity. Vous êtes un peuple mystérieux ! Je prenais des cours l'année dernière avec une bamiléké comme vous, elle a fait un exposé sur les cérémonies sacrificielles des crânes, des funérailles et d'autres cérémonies magico-religieuses des bamilékés. L'auditoire était muet d'admiration.

- Ne l'écoute pas, lança Octavie. Tity est fasciné par les camerounais en général et les bamilékés en particulier. Dis, tu viens d'arriver ? Tu as parlé de collègue de bureau tantôt, que fais-tu ? On peut se tutoyer.

- Je suis là depuis cinq mois. Je prépare un doctorat en Mathématiques. Oui, je dis collègue parce que nous partageons le même bureau.

- Il paraît qu'il y a une nouvelle formule pour les doctorants ? Demanda Octavie.

- Oui, on le fait désormais en alternance : six mois ici et six mois dans le pays d'origine ; mode sandwich, comme on dit. Cela concerne uniquement les étudiants étrangers boursiers. Il paraît que c'est pour éviter aux doctorants de « prendre racines » en Europe avec femme et enfants.

- Tity, aide-moi à servir les boissons, demanda Octavie. Je mets les verres, à moins que quelqu'un ne désire du café ou du thé ? Pierre, ce n'est pas déstabilisant de vivre six mois ici, et les six prochains mois ailleurs ? On dirait des oiseaux migrateurs.

- Au fait, Octavie, intervint Tity sans laisser le temps à Pierre de répondre et en vidant le frigo de ses quelques bouteilles de jus. On dit que tu as encore perdu ton boulot à la maison culturelle ?

- Il ne s'agit pas d'une rumeur, c'est la triste vérité. Pourtant Dieu m'est témoin que j'ai fait tout ce qui était humainement possible pour garder cet emploi. Quand l'agence d'intérim m'a contactée pour me dire qu'il s'agissait de l'entretien des bureaux, je n'ai pas hésité, je voulais un boulot et c'est tout. Après la désillusion que j'ai essuyée à la structure de l'Université libre de

Luvan, après l'échec à la Mission Régionale, je vous épargne les autres tentatives non abouties, j'ai revu mes ambitions de boulot à la baisse.

Elle demanda à ses convives de se servir sans façon, personne n'ayant voulu du thé ou du café. Pendant ce temps, elle avait disposé sur la table des biscuits et cakes américains. Elle se rassit et commença à expliquer ce qui s'était passé à la maison culturelle d'Otti. Avant celle-ci, elle avait fait un séjour de trois mois à la mission régionale. Un organe chargé de mettre les demandeurs d'emploi sans qualification au travail. Ici, tout avait bien commencé, comme partout ailleurs du reste où elle était passée.

Elle avait réussi le test de sélection pour un poste administratif. Les premiers jours de prestation, responsables et collègues avaient apprécié son sens d'adaptation, son esprit de collaboration, bref, ils avaient apprécié son travail, elle ne recevait que des paroles dithyrambiques. Celles-ci n'étaient pas pour la ménager ou quelque forme de politesse que ce soit, elles étaient méritées.

Cela n'avait hélas pas duré, les nuages s'amoncelant vite à l'horizon. En effet, l'employée chargée de lui confier progressivement une partie de son portefeuille professionnelle, sa « chère collègue » comme elle va la nommer, ne l'entendait pas de cette oreille. Elle s'était cramponnée, arcboutée sur les dossiers qu'elle était censée transférer à Octavie. Après le premier mois, elle rentrait le soir chez elle avec des piles de chemises de travail à faire ; elle les traitait et revenait très tôt le matin au bureau pour terminer ce qu'elle n'avait pu faire chez elle. A l'ouverture des services aux heures habituelles, tout le boulot de la journée était déjà fait. Quelle conscience professionnelle pouvait-on être tenté de dire ! Non, c'était une confiscation de travail avec la bénédiction de l'équipe dirigeante qui n'avait pas rappelé les uns et les autres à l'ordre, au respect des normes établies et à la discipline collective. Octavie ne saura jamais à quel moment était né ce rejet de sa personne. On ne lui avait pas fait le reproche de la moindre faute professionnelle. Elle ne comprenait pas ce changement de comportement à son égard et quand elle demandait à rencontrer la directrice, celle-ci n'était jamais disponible. Côté travail, elle avait été irréprochable jusque-là. Alors, qu'est ce qui créait cette atmosphère délétère ? Parce qu'elle était black ? Elle ne l'avait pas caché. Elle leur avait envoyé son curriculum vitae, elle avait fait un test, tous savaient donc qu'elle était black. A moins que… La mission régionale pouvait faire l'ultime sacrifice de travailler avec un black. Mais être black et être à l'aise dans un bureau, cela ne rimait peut-être pas. Ayant cogité, analysé le problème dans tous les angles, elle arrivait à la même conclusion : elle était black, professionnelle et femme. Elle se souvenait bien que sa « chère collègue » lui avait demandé les premiers jours si les femmes allaient à l'école en Afrique ? Question à laquelle elle avait répondu par un regard de biais qui disait long de l'indifférence qu'elle témoignait à cette personne en manque de culture. Qu'aurait-elle répondu ? Lui dire que si elle suivait ne serait-ce que le journal de son pays à dix-neuf heures ou à dix-neuf heures trente en fonction des chaînes, elle saurait qu'il y avait des africaines aux Nations Unies, des africaines à la Nasa, des africaines prix Nobel, des africaines dans le gouvernement de son pays ? Moralité : il ne fallait pas trop demander à la mission régionale, le personnel était à l'image de ceux dont elle était chargée de trouver une occupation.

Après quatre-vingt-neuf jours de travail, la directrice qui se disait toujours occupée pour la recevoir avait eu le temps de la convoquer pour mettre un terme à son contrat de travail sans autre forme de procès.

- Cela s'est passé tel que tu racontes là ? Intervint Tity.

- Absolument ! Je ne parle même pas des comportements dégradant dont j'ai été victime de toutes parts. Comme on ne me confiait plus les tâches pour lesquelles j'avais été engagée, le matin, on me demandait de faire le café. A l'heure du déjeuner, on m'avait confié le rôle gratifiant de prendre les commandes de sandwich des employés, d'aller les acheter et les distribuer. Quel ennuie il y avait au niveau de la monnaie : le pain de tel avait coûté quelques centimes en plus, celui de l'autre quelques centimes en moins, il n'y avait pas telle soupe aujourd'hui qu'il fallait remplacer par telle autre au prix différent. De retour au bureau, on reprenait les mêmes négociations des centimes à prendre ici et à rembourser là-bas, à justifier le pourquoi de cette soupe à la place de telle autre.

- Si je ne te connaissais pas octavie, j'aurai dit que tu racontes des carabistouilles, renchérit Tity.

- Tu t'es peut-être si bien investie que même la directrice s'est sentie menacée dans son poste. Il fallait au plus vite te mettre hors d'état de nuire en mettant un terme à ton contrat, dit Pierre.

- Il me revient un épisode bien plus grave où je pouvais être accusée de tentative d'empoisonnement : Ce matin-là, quand j'entre dans la cafétéria pour remplir mes fonctions de « faiseuse de café », ma « chère collègue » y était déjà et s'activait à faire le thé de la directrice. Allant à l'encontre des consignes données, je la vois rajouter du sucre dans la carafe à thé de la directrice qui avait une préparation et quelques ustensiles propres à elle parce qu'elle ne prenait pas de sucre. Comme nous ne nous parlions plus, je ne dis rien et retourne me tourner les pouces au bureau. Quelque temps après, la directrice qui s'était servie de son thé dans sa carafe personnelle fait irruption dans notre bureau, sa tasse à la main en disant que celui-ci a un goût de sucre. Tous les regards se tournent vers moi qui est censée veiller à ce que chacun ait, qui son café, qui son thé, à ses goûts et préférences souhaités. A mon tour, je lève les yeux vers ma « chère collègue », attendant qu'elle avoue avoir rajouté du sucre dans le thé de la directrice. Non, elle s'est levée et est sortie du bureau sans rien dire. J'avais beau expliquer derrière la directrice que je suivais dans les couloirs que j'avais surpris ma « chère collègue » en train de mette du sucre dans sa carafe, elle ne m'écoutait pas.

- Non n'y pense plus Octavie, dit Pierre. C'est horrible ça. C'est une tentative d'empoisonnement. Celle que tu appelles ta « chère collègue » était prête à tout pour qu'on ne te garde pas. Qui sait, peut-être que la directrice l'a compris et a préféré le calme relatif habituel à la guerre que ta « chère collègue » était prête à livrer pour conserver toutes ses fonctions.

- La directrice était lâche comme responsable, intervint Tity.

- Non, dit Pierre. Il y a des personnes ainsi faites. Elles croient privilégier la paix sociale aux remous des syndicats. Pour cela, il y a des sacrifices à faire et octavie semble en avoir été un.

Ce n'est pas tout, continua Octavie en levant l'index pour attirer l'attention. Comme j'avais répondu à plusieurs offres d'emploi, déposé des demandes d'emploi spontanées ici et là, j'ai été appelé la semaine d'après ma rupture de contrat à la mission régionale pour un poste d'entretien de bureaux à la maison culturelle d'Otti. Ayant pris quelques renseignements, j'ai accepté le boulot et le lundi suivant, je revêtais tablier et chaussais sabots et gants pour une nouvelle aventure. Pourquoi pas ? me rassurais-je. Le salaire était presque le même que celui de la mission régionale. De plus, je ne perdrai pas les avantages liés aux marché de l'emploi comme les chèques repas, l'ancienneté, la couverture maladie, etc.

La dame qui assurait l'entretien de la maison culturelle avait trouvé mieux ailleurs et ne resterait que trois jours, le temps d'acclimater son successeur. De ces trois jours, elle n'en prestera qu'un et demi. Ayant organisé un repas pour son départ, elle avait pris le reste de temps de travail pour faire les courses, la cuisine et transporter les victuailles dans l'une des salles de fête de la maison culturelle.

Dans l'ensemble, Octavie n'avait pas besoin d'un cours d'enseignement ménager pour balayer, nettoyer et astiquer. Ce jour et demi de formation était suffisant pour le briefing d'un service de nettoyage. Elle et celle qu'elle remplaçait avaient fait le tour de l'immeuble et des bureaux à entretenir, elles avaient visité la cage où on rangeait produits et matériel d'entretien. Octavie s'étant jeté avec empressement dans le travail dès les premières consignes reçues, la partante l'avait attiré dans un coin et lui avait fait cette confidence :

- On ne travaille pas ici comme à la maison. Tu fais le service minimum, c'est suffisant. C'est très grand ici, au rythme que je te voie t'investir-là, tu vas te bousiller la santé pour rien. Attends, continua-t-elle en fouillant dans son sac à main et en sortit un paquet qu'elle montra à Octavie en commentant : Tu vois ceci, c'est pour la directrice, je vais le lui donner avant de partir. Elle aime bien la cuisine marocaine. Régulièrement, je lui concocte de bons petits plats. Je lui apporte des huiles d'argan, d'olive de chez nous. Sur le champ, Octavie n'avait pas compris le message qui était que si tu veux garder ton poste, il faut faire des cadeaux à la directrice. Le travail, elle s'en fout.

C'était vrai, la directrice du centre culturelle s'en fichait du travail. Les locaux propres ou salles lui étaient égal. Elle n'accordait aucune importance aux matériels de travail. Dans le local réservé à cet effet, il n'y avait presque rien :

1) Un seau (il n'y en avait qu'un) très sale avec au fond une bonne épaisseur de quelques centimètres de sable boueux. Il servait à la fois à laver les sols des bureaux, des salles de fêtes et de réunion, celui des sanitaires et à nettoyer le mobilier.

2) Un aspirateur d'un modèle en voie de disparition. Une espèce de grand cylindre sur roulettes rouillées que l'on devait aujourd'hui garder plus pour services rendus que pour services à rendre.

3) Trois étagères fixées le long du mur devant servir à ranger le petit matériel étaient dans un tel désordre qu'on avait du mal à s'imaginer être dans les locaux d'une maison culturelle, des bureaux d'un service public. Les papiers toilettes à moitié entamés, les flacons vides, les essuies, éponges, torchons jetés les uns sur les autres.

Cette image n'était pas celle qu'on se faisait d'un milieu culturel. La maison culturelle était l'un des endroits où enseignants et éducateurs conduisaient enfants et adolescents pour compléter leur apprentissage de la vie. La maison culturelle était souvent sollicitée par les départements ministériels, les organismes publics et privés de la ville, du pays et même par des services étrangers pour différentes réunions, activités festives, expositions.

Cette sollicitation ne conférait-elle pas aux responsables d'une maison culturelle le droit et le devoir de veiller à ce que les lieux soient propres ? De réclamer un bon travail de la part du personnel chargé de son entretien et de mettre à disposition dudit personnel le matériel adéquat ?

Le premier bilan que dressait Octavie était décevant. Mais il ne parvint pas à la décourager. Le pire, continua-t-elle d'expliquer à ses convives, était que la visite des lieux qu'elle avait faite avec la directrice en personne avait conduit à la même conclusion : un travail mal fait depuis plusieurs années !

- Et tu n'as pas pu faire le travail aussi mal que ça jusqu'à perdre le poste ? Intervint Tity.

- C'est cela le paradoxe, l'incompréhension. J'ai si bien travaillé que j'ai perdu mon travail au bout d'un mois. J'ai même acheté avec mon argent sans jamais être remboursé un balai et une brosse pour travailler. Je crois que la directrice était allergique aux blacks. Tous les employés ont conclu au racisme et m'ont même conseillé de porter plainte. Mon travail était impeccable. J'avais accepté ce machin de nettoyage pour rester sur le marché de l'emploi. Les employeurs n'aiment pas les années blanches dans le curriculum vitae.

- A quel prix ! dit Pierre. Si seulement c'était suffisant.

- Ce n'est pas tout, s'exclama Octavie. Pour vous, j'en ai encore une belle pour la route. Cette dernière expérience m'a fait déposer complétement les armes dans la recherche de boulot. J'en sors par la grande porte, sans la moindre frustration. Ici c'était un département d'une mutualité qui m'a appelée pour m'informer qu'il était très intéressé par mon curriculum vitae ; ce sont leurs propres mots, je ne m'encense pas. Il y avait un poste qui se créait dans leur service administratif et si j'étais toujours sur le marché de l'emploi, mon parcours *matchait* bien avec le dit poste. Toutefois, pour faire toute la transparence liée au recrutement, je devais me présenter au test de sélection la semaine prochaine.

Le jour J, je ne sais pas combien de candidats étaient sur la ligne de départ. Il y avait trois bureaux réservés à cet effet, on passait donc par vague de trois. Quand vint mon tour, à la lecture de la première épreuve, la gestion financière, je constate qu'il y a une faute dans l'énoncée qui rend intraitable le problème tel qu'il est libellé : je me suis régalée ! J'ai appelé la responsable du test et lui ai exposé ce qui n'était pas concordant dans l'énoncé. Je ne sais pas comment les autres candidats ont traité cette épreuve, quant à moi, je l'ai d'abord corrigé, avant de proposer à la responsable une nouvelle formulation. En fin de compte, j'ai traité un sujet que j'ai proposé à la place de leur foireux problème. Ensuite, vint l'épreuve de français pour lequel on avait environ une heure. Après quarante minutes, j'avais terminé. Avant de rentrer, chaque candidat avait un entretien avec deux responsables pour commenter un peu son travail, ceux-ci avaient un moniteur qui leur permettaient de suivre chacun en temps réel. Mon tour venu, je n'ai eu que des éloges et même la promesse que je serai appelée en début de semaine prochaine pour les modalités de signature de contrat.

- De retour à la maison, continua Octavie, Tity, tu connais mon exubérance, j'avais déjà commencé à faire la publicité de mon nouveau boulot. J'avais même envoyé un message à mes camarades avec qui je faisais du bénévolat dans des associations caritatives que je ne serai plus de leur équipe la semaine prochaine parce que j'avais trouvé un job dans une mutualité. Je ne verrai jamais la couleur des bureaux de mon nouveau job parce qu'on ne m'a jamais rappelé.

- Oh non ! Dirent de cœur Tity et pierre avec empathie.

- Je vous promets, je n'ai jamais été recontactée. Une semaine après, j'ai appelé pour savoir ce qu'il en était, j'avais les fourmis dans les jambes, j'avais hâte de commencer le boulot. Je vous donne en mille ce qui m'a été répondu : vous faites bien de rappeler, nous n'avions pas votre numéro de téléphone pour vous joindre. Maintenant que c'est noté, nous vous appellerons très bientôt comme prévu. J'étais sonnée en raccrochant. Ils n'avaient pas mon numéro de téléphone ? Je leur avais envoyé en fichier papier et par mail une demande d'emploi, un curriculum vitae et diverses attestations où il était noté comme dans toute demande d'emploi bien rédigé, nom, prénom, adresse, numéro de téléphone, adresse électronique. Tout pour être joignable de jour comme de nuit. C'est même une offense à mes professeurs de techniques commerciales en humanité et aux premières années d'université qui nous ont appris ce qu'il fallait faire et ne pas faire dans une demande d'emploi, première vitrine du candidat. Cette mutualité m'avait déjà contacté par téléphone et par mail pour me parler du poste à créer et du test à passer. Aujourd'hui pour finaliser le contrat de travail, elle n'avait plus mes coordonnées ? Quelque chose n'allait pas.

- Je suis d'accord avec toi, Octavie, dit Pierre. On peut ressentir de la lassitude d'arriver à ce niveau de sélection pour ne pas être confirmé. Il en ressort malheureusement que le marché de l'emploi n'est pas une science exacte. Octavie, nous ne sommes pas venus t'aider à te lamenter sur ton sort. Demain est un autre jour, tu verras, tout ira bien.

- Non, non, je ne pleure pas du tout sur mes déboires de chercheur d'emploi. Je vous ai dit que je suis fière de mon parcours. Quelqu'un a dit qu'à force de chercher sans trouver, on finit par trouver sans chercher. J'en fais ma devise. J'ai donné dans la recherche d'emploi, aujourd'hui, je ne fais plus rien, j'attends, le travail viendra à moi. Assez parlé de tout ça. C'est déprimant. Cela m'a donné faim, j'espère qu'à vous également. J'ai une bonne sauce bolognaise, je fais cuire les pâtes et dans dix minutes, nous passons à table.

- Octavie ! Arrêta Tity, nous venons chez une femme manger les pâtes ? Nous allons le faire nous-mêmes à la maison.

- Ok, ok, coupa Octavie. J'ai du kondrè[9] avec viande de chèvre au congélateur. Le temps de réchauffer et c'est prêt. C'est encore meilleur quand on le mange le lendemain de la cuisson ou même bien après en respectant bien entendu les mesures de conservation. Ainsi, les épices ont bien macéré dans le plantain et la viande. N'est-ce-pas Pierre ? Continua-t-elle en se tournant vers lui. Elle ne lui laissa pas le temps de répondre et interpella Tity sur le fait qu'ils étaient en Europe et qu'elle espérait qu'il ne tiendrait pas ce langage de

[9] En anglais local « bush english », kondrè veut dire traditionnel. C'est un repas traditionnel de l'ouest du Cameroun, fait d'un mélange de plantain, de gros morceaux de viande, de mélange d'épices et d'huile de palme

« manger les pâtes chez une femme » au risque d'avoir maille à parti avec les féministes.

- Nous sommes en Europe, répondit Tity, cela n'enlève rien à ma qualité d'homme africain. Une femme doit savoir faire à manger ; pas les pâtes-bolo.

- Quel misogyne, intervint Pierre.

- Pas du tout, se rebiffa Tity. Je dis que chacun doit garder sa place. La femme fait à manger et l'homme ramène les sous à la maison.

- Ta femme ne travaillera donc pas en dehors de la maison? s'inquiéta Pierre.

- Ce n'est pas ce que je dis, je ne l'en empêcherai pas, rassura Tity. Mais, mes repas, c'est elle qui doit les faire. Observez bien autour de vous, toutes ces femmes « intello » font la cuisine à la maison. Ici, les blancs nous trompent que ce sont les hommes qui font la cuisine.

- Tity, pardon, je t'interromps. Pas ce sujet aujourd'hui. Nous allons manger du kondrè. Cela a aussi été prêt en dix minutes, comme c'eut été le cas si nous avions opté pour les pâtes. Ici c'est du réchauffé, et c'est la meilleure façon de manger ce plat traditionnel ; le kondrè se prépare le soir parce qu'il passe la nuit au feu à mijoter et les épices prennent le temps de s'incorporer dans la viande et le plantain. Tu ne vas pas y échapper Tity, nous sommes chez les blancs, dresse la table.

PLAN B ?

Après le repas, Tity avait débarrassé la table, en rangeant les assiettes dans l'évier, il avait lancé un essuie de cuisine à Pierre en l'invitant à payer sa part du festin devant Octavie pliée en deux à force de rire :

- Pierre, c'est par ici maintenant. Je lave, tu rinces et tu ranges. Octavie dit que nous sommes chez les blancs ; on s'intègre.
- Volontiers, répondit Pierre, pris aussi de fou rire.
- Non, rectifia Octavie, il caricature. Vous n'êtes pas obligé de faire la vaisselle.
- L'obligation, elle est déjà ancrée là ! Intervint Tity en se touchant la tempe. Pierre, ne fais jamais venir ta fiancée ici. C'est un conseil d'ami que je te donne. Personne d'autre ne le dira, je te promets. Quand nos sœurs arrivent ici, ou elle te dit « merci » pour le billet d'avion et elle se taille avec un blanc ou tu deviens son factotum, son homme à tout faire à la maison. Le jour où tu as un retard de cinq minutes pour aller chercher l'enfant à la crèche, elle appelle la police et c'est toi qu'on met dehors. L'Europe, c'est pour les femmes et les enfants.
- Ne l'écoute pas Pierre, coupa Octavie en riant. Pierre aussi n'arrêtait pas de rire face au sérieux avec lequel son ami prêchait. Tity, continua Octavie, je crois que nous allons appeler la police pour qu'elle nous aide à te conduire en psychiatrie parce que tu délires.
- J'en ai terminé, maintenant tu es averti Pierre. Dit Tity en levant les mains au ciel.
- Tu joues bien à Ponce Pilate, je ne te connaissais pas ce don de prophète, répondit Pierre qui avait sorti un mouchoir de sa poche et essuyait les larmes qui lui étaient montées aux coins des yeux, tant il avait ri. Mon ami, tu appartiens à une espèce en voie de disparition et je doute que celle-ci soit protégée.
- Je suis sérieux, insista Tity, comme pour vous je fais du théâtre, Pierre, nous en reparlerons quand ta fiancée ou ta femme je ne sais pas sera là.
- Pour le moment ce n'est pas au programme, elle continue ses études au pays. Nous continuerons cette discussion une autre fois. C'est très intéressant, continua Pierre en se levant.
- Nous allons Y aller, dit Tity qui avait compris le message de son ami. La vaisselle est propre et tout est rangé. La prochaine fois nous passerons l'aspirateur. Octavie n'oublie pas de faire le travail que je t'ai remis. A

remettre dans quinze jours, pour rappel et ce professeur d'économie est assez exigeant.

- J'ai compris ; merci de votre visite. Le cours sur les us et coutumes d'ici et d'ailleurs étaient parfait. Dit Octavie en suivant ses visiteurs qui étaient déjà sur le pas de la porte. Je reprends bientôt mes activités, maintenant que je vais mieux. Passez-moi un coup de fil la prochaine fois si vous avez un peu de temps. Ce sera toujours un plaisir de vous recevoir.

Pierre tendit à Octavie un bout de papier sur lequel il avait écrit son numéro de téléphone en disant : Si tu as des difficultés pour tes travaux, appelle-moi, si je peux faire quelque chose.

Les amis partis, Octavie se retrouva seule et souriait encore des envolées lyriques de Tity. Elle inscrivit soigneusement le numéro de Pierre dans son agenda, cela lui sera certainement utile. Elle assistait rarement aux cours magistraux et un samaritain lui proposait de l'aider en cas de besoin.

Elle avait déposé une demande d'emploi dans une commune périphérique de son lieu de résidence et se préparait ardument à passer l'entretien prévu en fin de semaine. Pour préparer ledit entretien, elle avait eu recours aux services publics mis en place à cet effet. Ensemble, ils avaient travaillé sur différentes questions successibles d'être posées, sur l'actualité, sur les activités de la commune. En réalité, la direction qui la convoquait pour le test n'était pas celui où elle avait déposé une offre d'emploi. Elle ne savait pas comment sa demande y avait atterri, mais peu lui importait.

Elle relisait ses notes dans la salle d'attente de la commune le temps d'être appelée pour l'entretien. Ce qu'elle savait déjà, c'est qu'elle était seule et qu'il n'y avait pas d'autres candidats. Ce qu'elle ne savait pas c'était pour quel poste elle passait l'entretien, n'ayant pas postulé de façon traditionnelle dans ce service. Elle ne tarda pas à en être informée. En effet, dès le début de l'entretien, le directeur qui l'interrogeait avec une de ses collaboratrices, lui dit qu'il n'y avait pas de poste disponible pour l'immédiat et que son curriculum sera déterré le jour où se présentera une opportunité.

Quand un directeur fouine dans la base de données de ses collègues, récupère votre dossier et demande à vous entendre, vous êtes à des années-lumière d'imaginer qu'il va vous dire que vous avez été bien gentil de vous présenter à l'entretien, seulement, il n'y a pas de poste à vous proposer.

Poste ou pas, l'entretien s'était limité aux questions sur son curriculum vitae qu'ils tenaient pourtant entre les mains. Son Curriculum Vitae, elle le connaissait par cœur, c'était son parcours, elle l'avait mille fois rédigé, mille fois imprimé et mille fois expédié. Le coup de grâce fut donné par la collaboratrice à qui le directeur passa la parole. Après s'être éclairci la voix, elle dit : « avec un tel curriculum vitae, pourquoi ne rentrez-vous pas travailler dans votre pays ? »

A la fin de l'entretien, Octavie était déconcertée. Sur le chemin de retour, elle avait cherché un sens à cette nouvelle forme d'entretien : un entretien pour un poste inexistant. Toutefois, un message était passé, clair et net, ne souffrant pas d'ambiguïté, retourner chez elle chercher du travail. Elle se souvenait avoir répondu qu'on ne réécrivait pas l'histoire. Qu'aurai-elle dit d'autre ? Qu'elle avait été forcé à l'exil parce que tous les postes qu'elle pouvait occuper dans son pays avec un tel curriculum vitae comme il le qualifiait étaient occupés par des blancs. Que ceux-ci leur faisaient une concurrence déloyale dans leur propre pays et ne leur accordaient pas plus d'égard chez eux en Europe ? Était-ce une des fonctions dévolues à ce directeur ? Celle d'identifier les personnes que la société avait pressées, fragilisées au point de les croire susceptibles de basculer au petit encouragement de retourner d'où elles venaient ? Monsieur le directeur de la commune et ses acolytes n'avaient pas intégrer dans leur grille d'analyse ce trait commun à toutes ces forces de la nature qu'étaient les immigrés : leur esprit de résilience, leur joie de vivre.

En effet, continua de penser Octavie, que ce soit elle, Pierre, Paul, X, Y, Z, dans son entourage et bien au-delà, l'optimisme était de mise. Les difficultés étaient considérées comme passagères. Quelque part derrière les nuages, il y avait du soleil dont les rayons finiront par apparaître. Ils ne savent pas que nous ne voyons jamais le verre à moitié vide, conclut Octavie.

Ce n'était pas la première fois, ni certainement la dernière, qu'on lui demandait de rentrer chez elle. Même si aujourd'hui cela avait été fait avec un brin de politesse. Elle repensa au policier de la commune de Perwez qui lui avait crié : « Rentrez chez vous, avec vous c'est difficile de vous faire rentrez chez vous ». Quel que soit le sujet l'opposant à l'administration ce jour-là, une telle phrase disait tout le supplice que ce policier vivait en voyant les blacks se pavaner, le narguer de leur présence innocente dans son environnement.

Ce policier de la commune de Perwez ne savait pas que c'est dans ce rejet de leur couleur que les blacks trouvaient le ferment les permettant de s'incruster, d'être prêt à mordre à la prochaine occasion. En effet, quand l'un d'eux faisait l'heureuse rencontre d'une brebis galeuse de policier comme ce fut le cas d'Octavie, le téléphone arabe se mettait en branle et ils en sortaient plus forts, plus aguerris que jamais, nourris des expériences des uns et des autres, tant il est vrai que sur du fumier poussent de bonnes plantes.

Ce n'était pas une découverte pour les blacks quand on leur demandait de rentrer chez eux. Ils avaient été pétris par des principes, des sagesses populaires parmi lesquelles celle qui dit que si tu ne sais pas où tu vas, retourne d'où tu viens. Dans cette initiation, ils avaient aussi appris qu'il fallait être fou pour ne pas savoir où on allait ; comme ils ne l'étaient pas, le plan B, celui de retourner chez eux était-il seulement envisageable ?

FSC
www.fsc.org
MIX
Papier aus verantwortungsvollen Quellen
Paper from responsible sources
FSC® C105338

Printed by Books on Demand GmbH, Norderstedt / Germany